ТЕРНОВНИК

Мальчик любил мать. И она любила его страстно. Но ничего толкового[1] из этой любви не получалось.

Впрочем, с матерью вообще было трудно, и мальчик уже притерпелся[2] к выбоинам и ухабам её характера. Ею правило настроение, поэтому раз пять на день менялась генеральная линия их жизни.

Менялось всё, даже название вещей. Например, мать иногда называла квартиру «квартирой», а иногда звучно и возвышенно – «кооператив*!».

«Кооператив» – это ему нравилось, это звучало красиво и спортивно, как «авангард» и «рекорд», жаль только, что обычно такое случалось, когда мать заводилась[3].

– Зачем ты на обоях рисуешь?! Ты с ума сошёл? – кричала она неестественно страдальческим голосом. – Ну скажи: ты человек?! Ты не человек! Я хрячу[4] на этот проклятый кооператив, как последний ишак[5], сижу ночами над этой долбаной[6] Левой работой[7]!!!

Когда мать накалялась, она становилась неуправляемой, и лучше было молчать и слушать нечленораздельные[8] выкрики. А ещё лучше было смотреть прямо в её гневные глаза и вовремя состроить на физиономии такое же страдальческое выражение.

Мальчик был очень похож на мать. Она натыкалась на это страдальческое выражение, как натыкаются

---

1 *толковый* hier: vernünftig
2 *притерпеться (разг.)* sich gewöhnen, sich abfinden
3 *заводиться (разг.)* hier: außer sich geraten
4 *хрячить (разг.)* ackern, malochen
5 *ишак* Esel
6 *долбаный (разг.)* verdammt
7 *левая работа (разг.)* Schwarzarbeit
8 *нечленораздельный* unartikuliert

впотьмах[1] на зеркало, и сразу сникала. Скажет только обессиленно: «Станешь ты когда-нибудь человеком, а?» И всё в порядке, можно жить дальше.

С матерью было сложно, но интересно. Когда у неё случалось хорошее настроение, они много чего придумывали и о многом болтали. Вообще в голове у матери водилось[2] столько всего потрясающе интересного, что мальчик готов был слушать её бесконечно.

– Марина, что тебе сегодня снилось? – спрашивал он, едва открыв глаза.

– А ты молока выпьешь?

– Ну выпью, только без пенки[3].

– Без пенки – короткий сон будет, – торговалась она.

– Ладно, давай с этой дрянской[4] пенкой. Ну, рассказывай.

– А про что мне снилось: про пиратские сокровища или как эскимосы на льдине мамонтёнка нашли?

– Про сокровища… – выбирал он.

…В те редкие минуты, когда мать бывала весёлой, он любил её до слёз. Тогда она не выкрикивала непонятных слов, а вела себя как нормальная девчонка из их группы.

– Давай беситься[5]! – в упоительном восторге предлагал он.

Мать в ответ делала свирепую[6] морду, надвигалась на него с растопыренными[7] пальцами, утробно[8] рыча:

---

1 *впотьмах (разг.)* im Dunkeln
2 *водиться* vorhanden sein
3 *пенка* hier: Haut (Pelle) auf heißer Milch
4 *дрянский (разг.)* ekelhaft
5 *беситься* umhertollen, herumwüten
6 *свирепый* wütend, aggressiv
7 *растопыренный* gespreizt
8 *утробный (голос)* tief, dumpf (Bauchstimme)

– Га-га! Сейчас я буду жмать[1] этого человека!! – Он замирал на миг в сладком ужасе, взвизгивал[2]... И тогда летели по комнате подушки, переворачивались стулья, мать гонялась за ним с ужасными воплями, и в конце концов они валились на тахту[3], обессиленные от хохота, и он корчился от её щипков, тычков, щекотания.

Потом она говорила своим голосом:

– Ну, всё... Давай наведём порядок. Смотри, не квартира, а чёрт знает что...

– Давай ещё немножко меня пожмаем! – просил он на всякий случай, хотя понимал, что веселью конец, пропало у матери настроение беситься. Вздыхал и начинал подбирать подушки, поднимать стулья.

Но чаще всего они ругались. Предлогов[4] было – вагон и тележка, выбирай, какой нравится. А уж когда у обоих плохое настроение, тогда особый скандал. Хватала ремень, хлестала по чему попадала – не больно, рука у неё была лёгкая, – но он орал как резаный[5]. От злости. Ссорились нешуточно: он закрывался в туалете и время от времени выкрикивал оттуда:

– Уйду!! К чёрту от тебя!

– Давай, давай! – кричала она ему из кухни. – Иди!

– Тебе на меня наплевать[6]! Я найду себе другую женщину!

– Давай ищи... Чего ж ты в туалете заперся?...

...Вот что стояло между ними, как стена, что портило, корёжило, отравляло ему жизнь, что отнимало у него мать, – Левая Работа.

---

1 *жмать (= жать) (разг.)* kneten, pressen, drücken
2 *взвизгивать* quieken, jauchzen
3 *тахта* Ottomane (Liegesofa ohne Rückenlehne)
4 *предлог* hier: Anlass
5 *орать как резаный/резаная (разг.)* schreien wie am Spieß
6 *наплювать (= наплевать) (разг.)* hier: auf jmdn. pfeifen

Непонятно, откуда она бралась[1], эта Левая Работа, она подстерегала[2] их, как бандит, из-за угла. Она наскакивала на их жизнь, как одноглазый пират с кривым ножом, и сразу всё подчиняла себе. Кромсала[3] этим ножом все планы: зоопарк в воскресенье, чтение «Тома Сойера»* по вечерам – всё, всё гибло, летело к чертям, разбивалось о проклятую Левую Работу. Можно сказать, она была третьим членом их семьи, самым главным, потому что от неё зависело всё: поедут ли они в июле на море, купят ли матери пальто на зиму, внесут ли вовремя взнос за квартиру. Мальчик ненавидел Левую Работу и мучительно ревновал к ней мать.

– Ну почему, почему она – Левая? – спрашивал он с ненавистью.

– Вот балда[4]. Потому что правую я делаю весь день на работе, в редакции. Правлю чужие рукописи. Мне за это зарплату платят. А вот сегодня я накатаю[5] рецензию в один журнал, мне за неё отвалят[6] тридцать рублей, и мы купим тебе сапоги и меховую шапку. Зима же скоро…

В такие дни мать до ночи сидела на кухне, стучала на машинке, и бесполезно было пытаться обратить на себя её внимание – взгляд отсутствующий, глаза воспалённые, и вся она взвинченная[7] и чужая. Молча подогревала ему ужин, говорила отрывистыми командами, раздражалась из-за пустяков.

---

1 *браться* hier: herkommen
2 *подстерегать* auflauern
3 *кромсать* in Stücke schneiden
4 *балда (разг.)* Dummkopf
5 *накатать (разг.)* hier: schnell niederschreiben
6 *отвалить (разг.)* hier: bezahlen
7 *взвинченный (разг.)* hier: aufgedreht

– Живо! Раздеться, в постель, чтоб тебя не видно и не слышно! У меня срочная левая работа!

– Чтоб она сдохла… – бормотал мальчик. Он медленно раздевался, забирался под одеяло и смотрел в окно.

За окном стояло старое дерево. Дерево называлось терновник*. На нём колючки росли, здоровенные[1], острые. Пацаны[2] такими колючками по голубям из рогатки[3] стреляют. Мать однажды встала у окна, прижалась лбом к стеклу и сказала мальчику:

– Вот дерево терновник. Очень древнее дерево. Колючки видишь? Это тернии. Из таких колючек люди однажды сплели терновый венок и надели на голову одному человеку…

– За что? – испугался он.

– А непонятно… До сих пор непонятно…

– Больно было? – сочувствуя неизвестной жертве, спросил он.

– Больно, – согласилась она просто.

– Он плакал?

– Нет.

– А-а, – догадался мальчик. – Он был советский партизан*…

Мать молча смотрела в окно на старый терновник.

– А как его звали? – спросил он. Она вздохнула и сказала отчётливо:

– Иисус Христос…

Терновник тянул к самой решётке окна свою скрюченную[4] руку с корявыми[5] пальцами, как тот нищий у

---

1 *здоровенный (разг.)* riesengroß
2 *пацан (разг.)* Junge
3 *рогатка* Schleuder
4 *скрюченный* gekrümmt
5 *корявый* knorrig

магазина, которому они с матерью всегда дают гривенник*. Если присмотреться, можно различить в сплетении веток большую корявую букву «Я», она как будто шагает по перекладине решётки. Мальчик лежал, глядел на букву «Я» и придумывал для неё разные путидороги[1]. Правда, у него не получалось так интересно, как у матери. Машинка на кухне то тараторила[2] бойко, то замирала на несколько минут. Тогда он вставал и выходил на кухню. Мать сидела над машинкой ссутулясь[3], пристально глядя в заправленный лист. Прядь волос свисала на лоб.

– Ну? – коротко спрашивала она, не глядя на мальчика.

– Я пить хочу.

– Пей и марш в постель!

– А ты скоро ляжешь?

– Нет. Я занята…

– А почему он деньги просит?

– Кто?! – вскрикивала она раздражённо.

– Нищий возле магазина.

– Иди спать! Мне некогда[4]. Потом.

– Разве он не может заработать?

– Ты отстанешь от меня сегодня?! – кричала мать измученным голосом. – Мне завтра передачу[5] на радио сдавать! Марш в постель!

Мальчик молча уходил, ложился. Но проходила минута, две, и стул на кухне с грохотом отодвигался, в комнату вбегала мать и отрывисто, нервно бросала:

---

1 *путидороги (мн.) (путь-дорога)* Wege
2 *тараторить (разг.)* hier: rattern
3 *ссутулясь (ссутулиться)* den Rücken krumm machen, krumm sitzen
4 *Мне некогда.* Ich habe keine Zeit.
5 *передача* hier: Sendung

– Не может заработать! Понимаешь?! Бывает так. Сил нет у человека. Нет сил ни заработать, ни жить на свете. Может, горе было большое, война, может, ещё что… Спился[1]! Сломался… Нет сил…

– А у тебя есть силы? – обеспокоенно спрашивал он.

– Здрасьте[2], сравнил! – возмущалась она и убегала на кухню – стучать-выстукивать проклятую Левую Работу.

У матери силы были, очень много было сил. И вообще мальчик считал, что они живут богато. Сначала, когда ушли от отца, они жили у материной подруги тёти Тамары. Там было хорошо, но мать однажды поругалась с дядей Серёжей из-за какого-то Сталина*. Мальчик думал сначала, что Сталин – это Маринин[3] знакомый, который ей здорово насолил[4]. Но оказалось – нет, она его в глаза не видела[5]. Тогда зачем из-за незнакомого человека ссориться с друзьями! Мать как-то и ему принялась рассказывать про Сталина, но он пропустил мимо ушей[6] – скучная оказалась история.

…Так вот, мать подумала, решилась, и они «влезли в кооператив».

Мальчик придумывал грандиозное зрелище: вот он ждёт их на взлётной полосе[7], сверкающий, узкий и лёгкий как птица – кооператив! Вот они с матерью – в комбинезонах, со шлемами в руках – шагают к нему через поле. И вот уже люк откинут, они машут толпе

1 *спиться* zum Säufer werden
2 *здрасьте (= Здравствуйте) (разг.)* hallo
3 *Маринин = Марины (Possesivform im Genitiv)*
4 *насолить (разг.)* hier: jmdm die Suppe versalzen, Ärger bereiten
5 *в глаза не видел(а) (разг.)* niemals gesehen hat
6 *пропустить мимо ушей (разг.)* nicht beachten, auf Durchzug schalten
7 *взлётная полоса* Startbahn auf dem Flughafen

внизу, застёгивают шлемы и, наконец, влезают в новейшей модели сверхзвуковой[1] кооператив!

На самом деле всё происходило не так. Мать продала много чего ненужного – жёлтенькую цепочку, которую прежде даже на ночь не снимала с шеи, серьги из ушей с блестящими стёклышками[2], кольцо. Потом стояла у окна на кухне и плакала весь вечер, потому что и цепочка, и серьги, и кольцо были бабушкиными и остались от неё на память. Мальчик крутился возле матери, ему передалось её тоскливое ощущение потери, и было жалко мать, которая так горько плачет из-за пустяковых[3] вещиц[4], и он решительно не понимал, что происходит.

Но скоро они переехали в новую квартиру, и мать повеселела. Квартира оказалась роскошной: комната, кухня и туалет с душем. Был ещё маленький коридорчик, в котором они в первый же день повесили подаренное тётей Тамарой зеркало. Комната пустая, весёлая – вози грузовик в какую хочешь сторону, от стенки до стенки, и не скучай. Первое время они спали вдвоём на раскладушке[5]. Обнимались тесно, становилось тепло, и мать перед сном рассказывала длинную историю, каждый вечер новую. И как только они умещались в её голове!

А однажды он пришёл из детского сада и увидел в комнате новую красную тахту. Мать засмеялась, потащила его, повалила на тахту и стала тискать[6] и щипать.

---

1 *сверхзвуковой* Überschall-
2 *стёклышко* Glasstückchen
3 *пустяковый* nichtig; unbedeutend
4 *вещица* kleines Ding
5 *раскладушка (разг.)* Klappbett
6 *тискать (разг.)* drücken

– Ну как? – спросила она гордо. – Шикарно? – И подпрыгнула на упругой тахте.

– Шикарно, – согласился он и тоже попрыгал немного.

– Человеку в твоём возрасте вредно спать на раскладушке, – пояснила мать, – будешь сутулым, как старый старикашка[1]… У меня это прямо из головы всю неделю не выходило. А сегодня утром, как отвела тебя в сад[2], думаю – да чёрт возьми[3]! Руки есть, башка[4] варит, что я – не отработаю? Пошла и заняла[5] деньги у тёти Тамары…

– Левую Работу возьмёшь? – расстроился он.

– Ага, – беспечно сказала мать и опять стала прыгать на тахте и тискать мальчика…

Часто в гости забегала тётя Тамара. К ней на работу постоянная спекулянтка* приносила всякие вещи – то джемпер японский, то финское платье. И тётя Тамара забегала на минутку – приносила «померить». Она очень переживала, что мать «всё с себя сняла» и «совершенно не одета». Ну это, конечно, была ерунда. Интересно, как бы мать ходила на работу, если бы была совершенно не одета. Она носила чёрный свитер, который очень нравился мальчику, и серые от стирки джинсы. Просто она привязалась душой к этим любимым вещам, ей не нравились другие. А недавно тётя Тамара принесла серьги, ведь мать продала свои и та волновалась, что дырочки в ушах зарастут и будет «всё кончено». Серьги оказались красивыми, с нежно-

---

1 *старикашка (разг.)* Opa
2 *(детский) сад* Kindergarten
3 *чёрт возьми! (разг.)* Hol's der Teufel!
4 *башка (разг.)* Kopf
5 *занять* hier: borgen, ausleihen

зелёными камушками[1]. Мать усмехнулась, надела их, и сразу стало видно, какая она хорошенькая, – глаза такие же, как серьги, зелёные и длинные.

– Вот и покупай! – решительно сказала тётя Тамара. – Очень тебе идут[2]. Просто чудо как красиво.

– Ой, Марина! – ахнул мальчик. – Какие красивые!

– Красивые! – согласилась мать, снимая серьги. – На той неделе взнос за кооператив…

Тётя Тамара бодрая и решительная. Она очень помогает жить матери и мальчику – вселяет[3] уверенность в то, что всё будет прекрасно.

– Личная жизнь[4] не удалась – подумаешь! – говорит она. – Те, у кого она удалась, ходят в стоптанных туфлях и с высунутыми языками…

Отца он тоже любил, но боялся, что мать заметит это. И вообще, когда заходил разговор об отце, он помалкивал, зная взрывной материн характер. С отцом-то было легко, спокойно. Отец никогда не орал, и всегда можно было предположить, как он отнесётся к тому или другому происшествию. Отец был во всём другой…

Наверное, он сильно удивился бы, узнав, что мальчик наблюдает за ним и сопоставляет его мир с тем миром, где существовали они с матерью.

Отец забирал его в субботу днём и приводил к себе домой, в ту квартиру, где прежде жили они втроём и где осталось всё, что раньше было общим. Остался и трёхколёсный велосипед мальчика, и санки, и самокат. Довольно долго он размышлял, отчего отец не отдал даже его велосипеда. Но спросить не решался.

---

1 *камушек (камень)* Steinchen
2 *идти* hier: jmdm. (gut zu Gesicht) stehen
3 *вселять* einflößen
4 *личная жизнь* Privatleben

Вернее, просто знал, что ответит отец. Тот бы улыбнулся, и поцеловал его, и сказал:

– Просто я хотел, чтобы твои игрушки были здесь, чтоб ты знал – здесь твой дом… Как-то он уже говорил что-то подобное. Нет, дом был там, где была мать. Это мальчик чувствовал очень остро. Даже когда не существовало вообще никакого дома и они ютились у тёти Тамары с дядей Серёжей, его дом был там, где находилась она – её голос, её запах, её чёрный свитер, её жестикуляция и выкрики.

Даже себе он не признавался в том, что любит бывать у отца отчасти из-за подарков. Отец дарил подарки весёлые, интересные и этим выгодно отличался от матери. То пистолет подарит с целой обоймой оглушительных патронов[1], то железный танк с вращающимся стволом орудия. И делал это без шума, со снисходительной улыбкой, и никогда не устраивал тарарама[2], если вдруг через час орудие танка отваливалось или пистолет переставал почему-то действовать.

Да, отец дарил весёлые подарки… Мать – скучные. Сапоги какие-нибудь на зиму, или куртку с капюшоном, или костюм. И сама ужасно радовалась этим подаркам, заставляла его надевать их, ходить перед ней по комнате и сто раз поворачиваться. Мальчику это надоедало[3]. Он скучал, недоумевал, спрашивал:

– Ну всё, что ли?

– Ну походи ещё! – сияя счастливыми глазами, командовала мать. – Пройди медленно вон туда, к шкафу, и повернись ко мне. Так. Теперь спиной…

---

1 *обойма патронов* Patronenstreifen
2 *тарарам (разг.)* (großes) Trara
3 *надоедать* lästig werden

Он томился в тёплой зимней куртке, но послушно топтался, как она требовала, – от шкафа к тахте и обратно.

В такие минуты он почему-то очень жалел её…

И не дай бог было замазать куртку грязью или оторвать случайно какую-то несчастную пуговицу! Что тут начиналось!

– Ты человек?! – кричала она страдальческим голосом. – Нет, скажи – ты человек? Нет, ты не человек! Потому что тебе всё равно – сплю я ночами или сижу над левой работой, куртку тебе зарабатываю!

Охота[1] воспитывать его настигала мать в самые неподходящие моменты. Например, на днях, когда взрослые ребята – среди них был даже Борька из второго класса – впервые приняли его в игру, и он решил на радостях угостить всех конфетами. Он прибежал со двора и постучал в дверь ногами, торжествующий[2] и переполненный царственной[3] щедростью. Мать открыла дверь с мыльными руками, наверное стирала.

– Марина, дай нам всем конфет! – потребовал он, шумно дыша.

– Посмотри, на кого ты похож! – крикнула она с выражением муки на лице. Бровь её изогнулась. – Только что вышел! Посмотри на свою рубашку! Сколько я могу стирать?! Ты человек? Ты не человек! Нет больше моих сил, понимаешь? Нет больше моих сил, ты понимаешь или нет?!

– Понимаю, понимаю, – торопливо проговорил он, точно так же изогнув страдальчески бровь, – дай нам конфеты!…

---

1 *охота* hier: Lust, Wunsch
2 *торжествующий (торжествовать)* triumphierend
3 *царственный* majestätisch

… Да, отец обладал существенным[1] достоинством – он никогда не орал…

Мальчику была непонятна эта материнская страсть к добыванию[2] вещей, тем более непонятна, что мать он считал натурой щедрой и в этом отношении – даже безумной.

Однажды она привела в дом двоих детей. Было воскресное дождливое утро, мать рано ушла в магазин, а мальчик ещё лежал в постели и сквозь дымку утреннего сна слушал, как дождь остервенело[3] лупит по подоконнику. Левое ухо, прижатое к подушке, ничего не слышало, поэтому всю бестолковую грызню[4] дождя с подоконником выслушивало правое ухо. Оно утомилось. Мальчик сполз вниз, под одеяло, и прикрыл правое ухо ладонью. Тарахтенье[5] дождя по подоконнику превратилось в сонное бормотанье[6], наступила блаженная тишина. И в этой тишине мальчик услышал, как открыли входную дверь и мать отрывисто проговорила:

– Входите, входите!

Мальчик откинул одеяло и быстро сел в постели. Дождь грянул оглушительную свою песню.

– Какой сильный дождь! – сказала мать в прихожей. – Зайдите в комнату, дети.

И тут мальчик увидел их обоих. Они были неправдоподобно мокрыми, как будто кто нарочно долго вымачивал их в бочке с водой. Старший, мальчик, одного с ним возраста – лет шести-семи, а девочка со-

---

1 *существенный* wesentlich
2 *добывание (разг.)* Beschaffung
3 *остервенелый* verbissen
4 *грызня (разг.)* Gezänk
5 *тарахтенье (разг.)* Lärm, Rattern
6 *бормотанье (разг.)* Gemurmel

всем малышка – ей едва ли исполнилось три года. Она таращила[1] по сторонам чёрные, как у галчонка[2], глаза и слизывала с губ капли дождя, бегущие по лицу с налипших[3] на лоб спутанных кудрей. У обоих прямо на босые ноги были надеты калоши.

Мальчик сидел на постели в тёплой пижаме и молча смотрел на незнакомцев.

– Драстытэ[4], – робко выдавил старший из них. Мать наткнулась на недоумевающий[5] взгляд мальчика и скороговоркой объяснила:

– Это дети молочницы... Она молоко по квартирам разносит... а они... вот... под дождём... Бидоны[6] стерегут[7], дурачки... Как мокрые галки... Раздетые, разутые... Кому нужны эти бидоны, чёрт бы её побрал!

– Раздевайтесь! – скомандовала она и распахнула дверцы шкафа. Она хватала с полок одежду мальчика и бросала на тахту – колготки, рубашки, свитер. Потом помедлила и сняла с вешалки его прошлогоднюю дождевую куртку.

– Вот, – сказала она. Принесла из ванной полотенце и стала растирать им девочку. Та стояла безучастно, как болванчик[8], продолжая слизывать с губ капли, катящиеся по лицу. Ноги и руки у неё были красные, жёсткие, в цыпках[9].

– Драстытэ... – ещё раз еле слышно проговорил её брат, очевидно, это было единственное русское слово, которое он знал.

---

1 *таращить (разг.)* die Augen aufreißen, glotzen
2 *галчонок* Dohlenküken
3 *налипший (налипнуть)* klebend
4 *Драстытэ* слово «Здраствуйте» с узбекским акцентом
5 *недоумевающий (недоумевать)* erstaunt, verständnislos
6 *бидон* Milchkanne
7 *стеречь* bewachen
8 *болванчик* kleine Statue
9 *в цыпках* rauhe gerötete Haut

В разгар сцены переодевания явилась баба Шура, соседка. В отличие от мальчика, она сразу сообразила, что происходит, и с минуту стояла, молча наблюдая, как мать натягивает колготки на влажные ещё ноги девочки. Баба Шура не была здесь посторонней, она любила и мальчика и его мать, болела за них душой[1], во многом помогала и во всё вмешивалась. Насчёт свитера она промолчала, но когда мать стала завязывать в узел совсем ещё приличные вещи мальчика, в том числе куртку, баба Шура не выдержала.

– Ты что это вытворяешь[2], а?! – сурово спросила она. – Ты своего голым босым хочешь оставить?

– На своего заработаю! – огрызнулась мать.

– Дура! Эта молочница тыщами[3] ворочает! Что ты смотришь на ихние галоши, они в своей махалле* всю зиму босиком бегают, они так привыкли.

– Ладно, баба Шура! – отрывисто сказала мать. – Какие там тыщи, господи!

– Ты сколько ишачишь[4] на эти шмотки, а? Мало? Всю ночь машинка долдонит[5] за стеной. Мало?! Ну давай, давай, сними с ребёнка последнее.

– Всё, баба Шура! – спокойно отрезала мать.

– Давай, давай, бешеная… Невменяемая! – Баба Шура повернулась и ушла к себе – беречь нервы. А мать негромко сказала сыну:

– Если тебе не жалко, подари им какую-нибудь свою игрушку.

Мальчику было жалко, но он понимал, что это один из тех случаев, когда он не сможет ослушаться[6]. Иначе

---

1 *болеть душой* am Herzen liegen
2 *вытворять (разг.)* etw. anstellen, anrichten
3 *тыща (разг.)* = тысяча
4 *ишачить (разг.)* schuften
5 *долдонить (разг.)* hier: rattern
6 *ослушаться* ungehorsam sein, nicht gehorchen

между ними произойдёт что-то ужасное, непоправимое. В такие минуты он особенно остро чувствовал её волю, чувствовал: она – магнит, он – крупинка[1].

Он прошлёпал в кухню, волоком притащил[2] оттуда картонный ящик с игрушками и сказал, ни на кого не глядя:

– Вот… берите что хотите…

Но мать и тут не пощадила его:

– Выбери сам. Что-нибудь поинтересней. Вон тот автомобиль!

Это было сознательным насилием, он чувствовал это, чувствовал сердцем, напрягшимся затылком, руками, упрямо не желающими расставаться с любимой игрушкой. Автомобиль был подарен отцом совсем недавно, мальчик не успел ещё до конца насладиться его зелёной лакировкой, упругими шинами, мигающими фарами. Автомобиль ездил вперёд и назад, он поворачивал в любую сторону, стоило только кнопку нажать на пульте управления. Что это был за автомобиль!

– Ну, – сказала мать.

Он молча сунул автомобиль чужому мальчишке. Тот покорно прижал его к груди обеими руками и опять прошептал:

– Драстытэ…

– Не «здравствуйте», а «спасибо»! – тихо и враждебно поправил мальчик. Его душили обида, ревность, злость, не хватало[3] ещё разреветься[4] при этих истуканах[5]!

---

1 *крупинка* Körnchen
2 *притащить волоком* (an-)schleppen
3 *не хватать* fehlen
4 *разреветься* in Tränen ausbrechen
5 *истукан* Götze

Когда мать вышла проводить детей, он юркнул[1] под одеяло и тихо заплакал. Не было во всём мире ни одной родной души, а были кругом только насилие и равнодушие. Она там внизу, должно быть, обнимает этих чужих детей, которые толком и спасибо-то сказать не могут, она заботилась о них, а родной сын ей – тьфу! – пусть лежит одинокий где-то там, неизвестно где.

Мать вошла в комнату, прилегла рядом и сказала, поглаживая его вздрагивающий затылок:

– Сегодня же купим точно такой автомобиль…

Тогда он затрясся в рыданиях, сладкая, исступлённая жалость к себе – обездоленному[2], одинокому – сжала горло, и он едва смог выговорить, икая[3]:

– Такого… уже… не будет…

– Будет, – спокойно сказала мать. – Мы купим все автомобили в магазине, но ты у меня вырастешь человеком. А если не человеком, то я убью тебя собственными руками!

И они обнялись и лежали так долго-долго, пока оба случайно не уснули и проспали до двенадцати часов…

Недели уже три он ходил в школу, в первый класс. Этой перемены в жизни они с матерью побаивались[4], а оказалось – ничего, жить можно. Ещё в начале июня сделали глубокий рейд[5] по магазинам, накупили всякой всячины[6] – ранец, форму*, рубашки к ней голу-

1 *юркнуть* hineinschlüpfen
2 *обездоленный* elend, unglücklich, entrechtet
3 *икать* schluchzen, hicken
4 *побаиваться* sich (ein wenig) fürchten
5 *рейд* Streifzug
6 *всякая всячина (разг.)* allerhand Sachen

бые, три штуки, да ещё шуры-муры[1]: тетради, пенал, линейки, счётные палочки – словом, целое хозяйство. Мать прямо в магазине помогла ему надеть ранец, и он ехал так домой через весь город. Три раза место в автобусе уступал, кому – не помнил. Школьники всегда уступают.

А когда по лестнице домой поднимались, баба Шура дверь открыла и встала как вкопанная, сделала такое дурацкое остолбенелое[2] лицо, как будто генерал в подъезд вошёл.

– Ой, что это за ученик?! – закричала она.

– Это я – ученик! – сияя от счастья, сказал он. Тогда баба Шура притянула его к себе за щёки и звучно поцеловала – сначала в одну, потом в другую, потом опять в одну. Как будто он издалека приехал.

Первые дни в школе он чувствовал себя очень одиноким. Все дети сразу освоились и знали все – где буфет, где актовый зал, где туалет. А он как-то ничего не знал, а спрашивать у других не умел и в первый день даже чуть не описался, хорошо, что мать рано пришла, он ей шепнул жалобно про свою беду, и они выскочили из школы как угорелые[3] и приткнулись за углом, где были частные гаражи.

В буфете надо было толкаться. Он попробовал один раз, но неудачно: его толкнули, монета вылетела из рук, какой-то громила[4] из третьего класса быстро наклонился за ней и громко сказал: «Ура! Нашёл двадцать коп[5]!» Мальчик промолчал, отошёл и всю перемену проплакал.

---

1 *шуры-муры (разг.)* hier: Kram
2 *остолбенелый (разг.)* (zur Salzsäule) erstarrt, baff, perplex
3 *как угорелые (разг.)* wie die Besengten
4 *громила (м.) (разг.)* Schlägertyp
5 *коп (разг.)* = копейка

Буфет

После уроков начиналась «продлёнка» – он ходил в группу продлённого дня[1]. Учительница вела их строем[2] в столовую, потом строем в спальню, потом строем в актовый зал, где они ходили по кругу в затылочек[3], под музыку Шаинского*. Это называлось – «ритмика». Музруководительница стояла в центре круга и выкрикивала:

– Левой три притопа[4]! Правой три притопа! Левой: раз-два-три! Правой: раз-два-три! Из круга не выходить!

Голубой вагон бежит – ка-ча-ет-ся!
Скорый поезд набирает ход… –

пел Крокодил Гена* мягким интеллигентным голосом.

Ах, зачем же этот день кон-ча-ет-ся!
Пусть бы он тянулся целый год!

Нет, мальчику не хотелось, чтобы этот день тянулся целый год. Ему хотелось, чтобы скорее пришла мать. Он послушно притоптывал правой и притоптывал левой и всё время, вытягивая шею, смотрел на дверь актового зала.

Когда наконец в дверях появлялась мать, в животе у него делалось горячо, а в глазах – цветно, жизнь всплёскивалась, как золотая рыбка* из пучины[5] мор-

---

1 *группа продлённого дня* Hort
2 *строем* in einer Reihe
3 *в затылочек* hintereinander, die Augen auf den Hinterkopf des Vordermannes gerichtet
4 *Левой три притопа!* Dreimal mit dem linken Fuß aufstampfen!
5 *пучина* Abgrund, Tiefe

ской. Он продолжал топтаться под музыку, но уже совсем по-другому, потому что видел конец всему этому и хорохорился[1] перед матерью – вот, мол, как он танцует вместе со всеми и не хуже всех. Мать только сдержанно кивала ему. Она на людях[2] не любила изображать телячьи нежности[3].

И учительница попалась хорошая – Татьяна Владимировна, – молодая и ласковая, её все сразу полюбили, девчонки лезли к ней под руки и ссорились, кто пойдёт сегодня с правой стороны, кто с левой.

Мальчику учительница нравилась тоже, хотя и представлялась однозначной, как цифра 5, такой ровной и плоской, как монета. Вот мать была объёмной: и круглой и с углами, и шершавой и гладкой, и тихой и громкой – в матери столько всего было понаверчено!

…Учился он, как ему казалось, хуже всех. Не клеилось[4] у него с этими палочками в тетради, с этими кружочками и крючочками. Всё шло вкривь и вкось[5]. Мать в вопросе учёбы держалась со свойственной ей непоследовательностью[6]. Когда шли из школы и он жаловался ей на непослушные палочки и крючки, она говорила: «А, плюнь! Чепуха[7]! Получится», – но вечером, когда садились делать уроки, он открывал злополучные «Прописи»[8], она присаживалась помогать, постепенно входила в азарт[9] и начинала орать, так что у него в ушах звенело:

---

1 *хорохориться* angeben
2 *на людях* vor Leuten, in der Öffentlichkeit
3 *телячьи нежности* Gefühlsduselei
4 *клеиться (разг.)* klappen
5 *вкривь и вкось* krumm und schief
6 *непоследовательность* Inkonsequenz
7 *чепуха (разг.)* Unsinn
8 *«Прописи»* Schreibheft
9 *азарт* Eifer

– Стой!! Куда ты эту чёрточку повёл!! Я сказала – левее! Не заводи её за поля[1]!! Куда ты к чёртовой матери дел завиток[2] у «в»? Ремень возьму!..

Вечера были бурными. Терпения у матери набиралось ровно на копейку. Он пережидал это проклятое время с мужеством стоика, потому что после приготовления уроков до сна оставалось ещё два часа, и тогда стоило жить на свете.

Едва захлопывался осточертелый[3] «Букварь»[4], у мальчика и у матери лица становились одинаково устало-умиротворёнными[5]. Тяжкий ежедневный груз был доволочен[6] до цели и с облегчением сброшен.

– Ты чего сейчас будешь делать? – спрашивал мальчик.

– Посуду мыть, борщ варить, – устало говорила мать.

– Ну ладно, я буду посуду вытирать, а ты мне что-нибудь расскажешь.

Мать надевала фартук неохотно и одновременно покорно, как подставляет шею под хомут лошадь.

– Ну, что тебе рассказать?

– Про бабу Шуру, – просил он.

– В третий раз? – не удивляясь, уточняла мать. Она уважала его страсть – слушать по многу раз полюбившиеся истории, сама перечитывала любимые книги.

– Ну вот, значит, когда началась война*… Подай-ка, пожалуйста, нож… – он бросался к столу, молча подавал ей нож, только бы она не отвлекалась больше…

---

1 *поля (мн.)* (Blatt-)Rand
2 *завиток* Kringel
3 *осточертелый (разг.)* verhasst
4 *букварь* Fibel
5 *умиротворённый* versöhnt, besänftigt
6 *доволочить* schleifen, schleppen

– Когда война началась, баба Шура с мужем жили на границе*, в местечке Чёрная Весь, под Белостоком*. Муж был офицером, пограничником, в первый же день войны его и убили. И осталась баба Шура вдовой в двадцать один год, с двухлетней Валькой на руках.

– С тётей Валей, – шёпотом объяснял себе мальчик.

– И прошла она беженкой через весь Западный фронт с нашей армией. Сколько раз их в пути бомбёжка[1] настигала! Однажды вот так налетели «мессеры»* загнали их в придорожный лесок. А Валька, маленькая, оглохла от взрывов, перепугалась, вырвала ручонку[2] и бежать… Баба Шура за ней. А солдат какой-то закричал на них матом, швырнул на землю, сам рядом повалился. А кругом так и громыхают[3] снаряды, комья земли летят. Потом стихло мале́нько, видит баба Шура – солдат поднимается и руками за живот держится. А из живота у него внутренности вываливаются. Стоит он, смотрит на бабу Шуру безумными глазами и кишки руками поддерживает… А то ещё однажды, после бомбёжки, подозвал её один солдат, просит перевязку сделать. Смотрит баба Шура – а у него вся спина рваная. А он совсем юный мальчик, красивый такой, интеллигентный, говорит: «Прошу вас, возьмите себя в руки и сделайте перевязку…» Баба Шура сняла комбинацию[4], порвала её на полоски, сделала ему перевязку.

– Жив остался? – с надеждой спрашивал мальчик в который раз, и мать в который раз отвечала:

– Кто ж его знает… Отвезли в госпиталь, а там – неизвестно…

1 *бомбёжка* Bombardierung
2 *ручонка (разг.)* Händchen
3 *громыхать* donnern
4 *комбинация* Unterkleid

Про того, с вываливающимися кишками, мальчик спрашивать боялся, знал: плохой будет ответ…

– Столько беды навидалась, что сердце тяжёлым стало, как камень. Думала – ничто теперь не удивит… Однажды ехали на грузовиках по дороге. Немцы только что отбомбились, улетели, на обочинах[1] убитых беженцев видимо-невидимо[2], и хоронить некому.

И видит баба Шура: лежит в траве у дороги молодая мать, мёртвая, а рядом с ней ребёнок месяцев девяти-десяти. Нашёл мамкину грудь, сосёт, а молока нет, вот он и орёт, будит мать. А она лежит себе и в небо смотрит.

Не выдержала баба Шура, спрыгнула с грузовика, схватила ребёнка и назад, в машину…

– Это был дядя Виталий?

– Ну да, дядя Виталий… Ты же обещал посуду вытирать, а сам не вытираешь! Разве это справедливо?

Мальчик молча хватал полотенце, начинал судорожно[3] вытирать чашку, только бы мать рассказывала дальше…

– А пробиралась[4] баба Шура к родным мужа, свёкру и свекрови. И когда наконец добралась – ободранная[5], голодная, с двумя детьми, – те её в штыки встретили[6].

Мол, неизвестно, с кем ты второго прижила[7], знать тебя не хотим, самим жрать нечего, а тут ты ещё на нашу голову свалилась.

---

1 *обочина* Straßenrand
2 *видимо-невидимо (разг.)* unzählig, zahllos
3 *судорожный* krampfhaft
4 *пробираться* sich durchschlagen
5 *ободранный* abgerissen, zerlumpt
6 *встретить в штыки* jmdm. feindlich begegnen
7 *прижить (ребёнка)* unehelich zur Welt bringen

И осталась баба Шура одна в чужом городе – податься некуда, сама разута-раздета, дети есть просят, кричат… Встала баба Шура на крутом берегу реки, вниз глянула, и сердце её оборвалось: прижала детей к себе и думает: «Всё равно с голоду помрём! Вот так глаза зажмурить и прыгнуть туда вместе с ними!» А маленький Виталька словно почуял что-то, упёрся ей в грудь ручонками, захныкал[1]: «Мама… не няня[2]… не няня…»

– Не прыгнула? – широко открыв глаза, с надеждой спросил мальчик.

– Вот дурацкая башка, конечно, не прыгнула! Ты думай: разве сейчас были бы на свете Валя и Виталий? Разве привозил бы тебе Виталий всякие камни из экспедиций?

– Да, – соглашался он и для себя, чтобы окончательно успокоиться, повторял шёпотом: – Не прыгнула, не прыгнула…

– Ну ничего, потом на завод устроилась, паёк[3] стала получать, чужие люди её приютили[4]… Тифом[5] вот только заболела очень сильно. В больнице лежала… Все думали, что умрёт. Когда кризис наступил, в бреду[6] села на постели, косы распустила[7] – густейшие были косы чёрные – и запела сильным голосом песню, которую сроду[8] не знала:

---

1 *захныкать* flennen, wimmern
2 *не няня (= не надо; Babysprache)* hier: nicht machen
3 *паёк* zugeteilte Verpflegungsration
4 *приютить* beherbergen, Obdach gewähren
5 *тиф* Typhus (fieberhafte Infektionskrankheit)
6 *бред* Delirium, Fieberfantasie
7 *распустить косы* geflochtene Haarzöpfe lösen
8 *сроду* nie im Leben

Отворите окно, отворите,
Мне недолго осталося жить!
Ещё раз на свободу пустите,
Не мешайте страдать и любить…*

Всё металась в бреду, просила, чтобы косы не стригли[1], боялась, что в гробу будет некрасивая лежать… Куда там, всё равно остригли… Потом они отросли, косы, но уж не такие густые, как прежде…

Мать снимала фартук, насухо вытирала тряпкой кухонный стол и ставила на него пишущую машинку. Это значило, что мальчику теперь – спать, а ей – работать.

Он лежал под тёплым стёганым одеялом. За окном зловеще дыбился[2] горбатыми ветвями терновник, окаянное[3] дерево. Буква «Я» в сплетении веток шагала, шагала, конца не было её пути… Отворите окно, отворите, мне недолго осталося жить… Сильным голосом неизвестную песню… И косы остригли, не пожалели. Какие там косы, когда у всей страны кишки вываливались… Мать там за стеной стучит, стучит… Сгинет[4] когда-нибудь эта многоголовая, хвостатая, когтистая Левая Работа? «Отворите окно, отворите…» Отворите окно…

…В субботу днём, часа в три, за ним приходил отец. Мальчик ждал его с тайным нетерпением. Отец был праздником, отец – это парк, качели, аттракцион «автокросс»[5], мороженое в стаканчиках, жвачки сколько душа пожелает, карусель и никаких скандалов. Но от ма-

---

1 *стричь* abschneiden
2 *дыбиться* aufbäumen, emporrecken
3 *окаянный* verflucht
4 *сгинуть (разг.)* verschwinden
5 *автокросс* Autoscooter

тери надо было скрывать это радостное нетерпение, как и всё остальное, касающееся его отношений с отцом. О, здесь мальчик был тонким[1] дипломатом.

– Давай я оденусь и буду встречать его во дворе, – предлагал он матери небрежно-скучающим тоном. При ней он никогда не произносил ни имени отца, ни слова «папа».

– Успеешь, – хмуро бросала она, выглаживая его рубашку. Он помалкивал, боялся её раздражать. Встречаться с отцом во дворе было несравненно удобнее, чем здесь, при матери. Во-первых, не нужно им лишний раз сталкиваться, от этого одни неприятности. Мать вообще опасна при таких встречах, да и отец, несмотря на свою выдержку[2], нет-нет да срывается на выяснение каких-то дурацких вопросов. Например, в прошлый раз, когда мальчик не успел выйти во двор к положенному[3] часу и отец позвонил в дверь, завязался между ними отрывистый нервный разговор о его, мальчика, воспитании. Слово за слово – и напряглась, налилась свинцовой[4] ненавистью мать, негромко и враждебно цедил сквозь зубы отец:

– Ну что ты смыслишь в воспитании, ты хоть Спока* читала?

– Нет! Зато я читала, чего ты не читал – Чехова и Толстого!...

Непонятные слова, непонятный разговор. Две холодные враждебные стороны, и он между ними – изнывающий[5] и бессильный...

---

1 *тонкий* hier: fein, mit Fingerspitzengefühl
2 *выдержка* hier: Selbstbeherrschung
3 *положенный* vorgesehen, abgemacht
4 *свинцовый* bleiern
5 *изнывающий* hier: gequält

Да, лучше было встречать отца во дворе. Тогда и встреча бывала совсем другой. Можно было побежать к отцу со всех ног, в его распахнутые большие руки, вознестись вверх, к отцовским плечам, и прижаться щекой к его губам. При матери он никогда не позволял себе этого, знал, что ей будет больно. Вообще сложный это был день – суббота. Нужно было улаживать[1], устраивать всё так, чтобы и той не причинить боль, и того не обидеть. И во всех этих запутанных отношениях умудриться и для себя урвать[2] хоть капельку приятного.

А приятное начиналось сразу же, за углом дома, едва они с отцом поворачивали к метро. Приятное начиналось с отцовских карманов. Мальчик уже ждал этой минуты и поглядывал на отца заговорщицки[3]. И отец поглядывал на него.

– А ну-ка, глянь, что у меня в кармане водится[4]!– наконец говорил он, хитро прищуриваясь.

Мальчик запускал руку в огромный отцовский карман и с восторгом вылавливал оттуда свистульку, жвачку, надувной шарик, три конфеты.

– Урра-а!

Всё это можно было найти и дома, если покопаться[5] в картонном ящике для игрушек, но – нет, всё было не таким, всё не то… И закручивалась карусель субботних удовольствий. Отодвигалось всё: дом, мать, уроки на понедельник, баба Шура, дворовые приятели… Крутилась зелёная в красных яблоках пролётка[6] на

---

1 *улаживать* regeln
2 *урвать* an sich reißen
3 *заговорщицкий* verschwörerisch
4 *водится* hier: es gibt
5 *покопаться* hier: herumwühlen
6 *пролётка* Droschke (im Karussell)

деревянном круге, отец крепко держал его за плечи, и веселье захлёстывало[1] их пёстрой лентой…

Вечером они добредали[2] до отцовской квартиры, отец стелил мальчику на диване, раздевал его, сонного и тяжёлого, и тут, в мягкой подушке, тонула праздничная, буйная, зелёная в красных яблоках суббота.

С утра в воскресенье он уже начинал скучать по матери. Сидел за столом, рисовал, раскрашивал цветными карандашами книжку-раскраску[3] и представлял, что сейчас делает мать. Может, стучит на машинке, может, стирает, а может, она пошла в магазин, встретила по пути Борьку – тот всегда в воскресенье болтается[4] во дворе – и разговорилась с ним? Мальчик застывал на секунду при этой мысли, чувствуя, как ревность вдруг прильнула к сердцу и отпрянула, а ожог[5] остался и ноет[6]… А вдруг она рассказывает Борьке какую-нибудь историю, точно так, как ему? Про пиратов или про мамонтёнка? Может, даже она погладила Борьку по голове? А он сидит здесь и раскрашивает дурацкую книжку?! А вдруг к ней пришёл сейчас какой-то знакомый и они пьют чай и разговаривают, а он сидит здесь и ничего не знает?!

– Ну что, будем собираться? – говорил он отцу небрежно-скучающим тоном. – А то стемнеет…

– Ты что, сынок! – удивлялся отец. – Только двенадцатый час, куда ты рвёшься? Мы так редко видимся… Ну чем тебя занять? Сказку рассказать? Про медведя и зайчика.

---

1 *захлёстывать* überfluten, überschwemmen
2 *добредать* sich schleppen
3 *книжка-раскраска* Ausmalbuch
4 *болтаться (разг.)* herumlungern, herumhängen, sich herumtreiben
5 *ожог* Verbrennung
6 *ныть* schmerzen

Мальчик терпеливо, чтобы не обидеть отца, выслушивал многолетнюю сказку про медведя и зайчика. Потом они играли в железную дорогу, смотрели телевизор, обедали – отец жарил яичницу – и наконец начинали собираться.

Мальчик лежал на диване, подперев[1] кулаками подбородок, и наблюдал, как отец бреется[2] перед большим зеркалом. Тот брился тщательно, дотошно, как делал всё. Изнутри подпирал языком щёку, тянул шею, оттягивал пальцами кожу на висках[3].

Вообще отец очень нравился мальчику. Он был большой и красивый. И не сутулился, и ходил лёгкой размашистой походкой.

– Когда я вырасту, я тоже стану бриться, – сказал мальчик задумчиво.

– М… угу… – промычал отец, выбривая кожу под носом.

– Вообще, когда я вырасту, я… очень вырасту, – добавил мальчик уверенно. Себя уверял.

– Обязательно, – подтвердил отец. – Ты будешь очень высоким. У нас в роду коротышек[4] нет.

«У нас в роду!» Много бы мальчик отдал, чтобы выяснить наконец, где находится это самое – «у нас в роду»… Когда он жаловался матери на неполадки[5] в школьных тетрадях, мать отмахивалась[6]: «Получится! У нас в роду тупых[7] нет». Интересно, где же, в какой стороне света это благополучное и счастливое «у нас в

1 *подперев (подпереть)* aufstützend
2 *бриться* sich rasieren
3 *висок* Schläfe
4 *коротышка (разг.)* Knirps
5 *неполадки (мн.)* Missstände
6 *отмахиваться* abwinken
7 *тупой* hier: dumm

роду»? Получалось, мать и отец вроде как земляки, а вот не сроднились[1], не вышло у них…

Отец завязал красивый галстук, надел пиджак и стал искать что-то на письменном столе.

– Ого! – сказал он, наклонившись над рисунком мальчика. – Да ты уже замечательно рисуешь! Это что здесь?

– Это война, – пояснил мальчик.

– Смотри-ка, и танки, и самолёты. А это что за кляксы?

– Бомбы летят.

– Молодец… А солнышко почему не нарисовал, вот здесь, в углу?

– На войне солнца не бывает, – сказал мальчик. Отец усмехнулся и взъерошил[2] ему волосы:

– А ты у меня философом стал… Раньше времени…

Раньше времени! На них не угодишь. Одна твердит: «Думай, думай обо всём!» Он удивляется: «О чём думать?» – «Обо всём! – упрямо твердит она. – Обо всём, что видишь!» Другой третий год сказку про медведя и зайчика рассказывает…

Когда уже спускались по лестнице, отец вдруг хлопнул себя по карманам пальто и сказал:

– Ах ты, чёрт, сигареты забыл! Сынок, они в верхнем ящике письменного стола. Сбегай, милый! На ключ.

Мальчик помчался наверх, перепрыгивая через ступеньку, запыхавшись, отворил дверь и подбежал к столу. Пачка сигарет лежала в верхнем ящике, на чьей-то фотографии. Мальчик взял сигареты и вдруг увидел, что это фотография матери. Мать на ней полу-

1 *(не) сродниться* (nicht) mit einander vertraut werden
2 *взъерошить* zerzausen

чилась весёлая, с длинными волосами. На обороте[1] отцовской рукой написано: «Мариша...» В первый миг мальчик захотел взять фотографию и объяснить отцу – я забрал карточку, где весёлая Марина, она ведь тебе больше не нужна, – но потом подумал, тихонько положил карточку на место и задвинул ящик...

– Дверь захлопнул? – спросил его отец.

– Захлопнул... – глухо[2] ответил мальчик.

От метро они пошли не обычной своей дорогой, а в обход, мимо киоска «Союзпечать»*. Отец давно обещал ему купить значки[3] с собаками. Он купил три значка, с собаками разных пород, и мальчик сразу же нацепил их рядком, на куртку. Потом поднял глаза и увидел возле магазина старого знакомого – нищего. Тот стоял, как обычно, одной рукой опираясь на палку, другой протягивая кепку, и смотрел в землю, как всегда, безучастно. Бросишь ему монетку, он вскинет голову, как лошадь: «Доброго здоровьица!» – и опять в землю уставится... Мальчик встрепенулся[4]:

– Папа! Дай деньгу!

– Зачем? – спросил отец.

– Я нищему подам!

– Этого ещё не хватало – алкоголиков поить!

– А мы с Мариной всегда подаём, – сказал мальчик и пожалел, что сказал. Сразу насупился[5], и уши покраснели. Мать – это была мать, другая сторона, и незачем задевать её в разговоре.

– Узнаю село родное... – пробормотал отец сквозь зубы.

---

1 *оборот* hier: Rückseite
2 *глухой* hier: dumpf
3 *значок* Anstecker, Pin
4 *встрепенуться* auffahren
5 *насупиться* finster dreinschauen

Мальчик подумал, что мать, наверное, уже сидит во дворе на лавочке[1], ждёт его. Она всегда выходила его встречать, наверное, волновалась – как он и что… Не сиделось ей в квартире.

– Давай здесь попрощаемся, – сказал он отцу.

– Почему? Я тебя до подъезда провожу…

Так и есть, мать сидела на лавочке, смотрела в ту сторону, откуда они появились. Поднялась и осталась так стоять.

– Ну, дай я тебя поцелую, – сказал отец. – Будь здоров.

Мальчик не потянулся к нему, чтобы не обидеть мать, только подставил щёку. Отец сказал:

– На той неделе возьму билеты в цирк. Ну, иди.

Мальчик пошёл, стараясь не ускорять шаги, чтобы не обидеть отца. Даже обернулся и помахал ему – отец стоял и смотрел вслед. Мать тоже смотрела на мальчика, не в лицо, а повыше, в вихор[2], выбившийся из-под шапочки. Когда он наконец подошёл, она молча взяла его за плечи, и они зашли в свой подъезд.

В прихожей она так же молча, с окаменевшим лицом помогла ему размотать шарф и направилась в кухню.

– Что случилось? – крикнул он вслед.

– Я была в парикмахерской… – тихо сказала мать из кухни. – Парикмахер сказал, что у меня полголовы седая. Я поняла, что жизнь кончена, и купила себе финское платье.

– Где купила? – уточнил мальчик. Его раздражала манера матери сумбурно выражаться. – В парикмахерской, что ли?

– Нет, в ГУМе*…

– А-а!.. – сказал он. – Покажи, где оно?

1 *лавочка (лавка)* hier: Bank
2 *вихор* Schopf

– Да вот же, на мне!

– А-а… Хорошо… Красиво…

Он обнял её сзади, за пояс[1], прижался лицом к спине. Он быстро рос, и в этом году уже доставал ей до лопаток[2].

– Не бойся, Марина, – сказал он в зелёную шелковистую ткань. – Когда я стану бриться, я на тебе женюсь…

– Вот спасибо! – сказала она. – А теперь, пожалуйста, ешь быстрее и иди спать.

– Опять Левая Работа?!

…Он медленно раздевался в комнате. Стянул через голову рубашку, помахал длинными пустыми рукавами, искоса поглядывая на стену – там бесновалась[3] немая рубашкина тень, – и, вздохнув, сел на постели. Так хотелось рассказать матери про карусельную субботу!

Про то, как в «автокроссе» они всё время догоняли синюю машину, в которой сидели усатый дядька с рыжим пацаном, а потом с грохотом наехали на них и все вместе долго хохотали. Но нет, нельзя, нельзя…

Он приплёлся в кухню и сел на табурет, возле матери.

– Ну?… – спросила она, исправляя что-то ручкой на отпечатанном уже листе.

– Ты знаешь, какой бандит Сашка Аникеев?! – возмущённо спросил мальчик.

– Ну-у…

– Он говорит ужасные слова. Например – «сука»[4], вот какое ужасное слово!

---

1 *пояс* hier: Taille
2 *лопатка* Schulterblatt
3 *бесноваться* toben
4 *сука (вульг.)* Hündin

– Нормальное слово, – пробормотала мать, – если по делу.

– Он не по делу! Да нет, ну ты не веришь, а он говорит настоящие материнские слова!

– О господи! – вздохнула мать и стала заправлять в машинку очередной белый лист. – Ну, ещё какие новости?

– Он дразнится[1] на каждой перемене, что я втрескался[2] в Оксанку Тищенко.

– А ты втрескался?

– Да, – признался мальчик.

– Тогда по морде! – посоветовала мать.

– Я не могу – по морде, – сказал он.

– Почему?

– Морда глазами смотрит…

– А-а…– Тогда выкручивайся[3] как знаешь… Ну, всё?

– Нет… – он помялся[4]… – Знаешь, Сашка говорит, что я – еврей, – выговорил он наконец, пристально глядя на мать.

– Да. Ну и что?

– Марина, я не хочу быть евреем… – признался он.

– А кем ты хочешь быть? – хмуро осведомилась[5] она.

– Я хочу быть Ринатом Хизматуллиным. Мы сидим с ним за одной партой[6], он хороший мальчик.

– Вот что, – сказала мать. – Я тебе про всё это объясню, только завтра, понял?

– Почему завтра?

---

1 *дразниться* ärgern, necken
2 *втрескаться (разг.)* sich verknallen
3 *выкручиваться (разг.)* sich herauswinden, aus der Patsche kommen
4 *помяться* hier: zögern, verlegen herumdrucksen
5 *осведомиться* sich erkundigen
6 *парта* Schulbank

– Долгий разговор. Много сил отбирает. Понял? А теперь марш спать!

Он посидел ещё тихонько, слушал, как тарахтит машинка, поковырял[1] пальцем дырку в колготках и попросил:

– Марина, займись со мной…

– «Займись мной», – поправила мать машинально, не отрывая взгляда от машинки.

– Займись мной, – послушно повторил он.

– Отстань, – сказала она на той же ноте. И вдруг подняла на него глаза, отложила в сторону лист и тихо сказала: – Ты хочешь, чтобы мы летом поехали к морю?

– Ага! – оживился он.

– Для этого я должна стучать на машинке. Я заработаю денег, мы летом сядем с тобой на поезд и поедем к морю.

– И наши соломенные[2] шляпы возьмём? – радостно спросил он.

– Возьмём шляпы.

– И ты будешь лежать на пляже, а я буду сыпать тебе на спину песок тонкой струйкой[3]?

– Тонкой струйкой…

– А потом я сяду на твою горячую спину и мы поплывём далеко-далеко?

– Далеко-далеко… – сказала мать и отвернулась к окну. Мальчик понял, что она плачет, и ушёл в комнату, чтобы не мешать[4].

…Уже засыпая, он опять пришёл во двор с отцом, и мать встречала его. Он шёл от отца к матери, словно

---

1 *поковырять* stochern
2 *соломенный* Stroh-
3 *струйка* dünner Strahl
4 *мешать* hier: stören

плыл от одного берега к другому. Трудно плыл, как против течения. Мальчик чувствовал, что отец смотрит в спину, а мать смотрит в вихор, выбившийся
из-под шапочки. О чём думали эти двое?.. 985

За окном сгустилась темень, и не видать было терновника, и не видать было, как шагает в неизвестные дали самостоятельная и отважная буква «Я»…

Двойная фамилия

А в чём, собственно, дело, сказал я ему, чем тебя смущает моя двойная фамилия?

В конце концов твою я взял, вот она, красуется в паспорте, вполне благозвучная, – Воздвиженский. Хоть поклоны бей[1]. А? Я говорю – хорошая, звучная, церковнославянская…

Ты смотри на дорогу, сказал я ему, а то мы в дерево врежемся….

Да, мамина не такая звучная, но понимаешь, меня всё-таки мать воспитывала. Да если хочешь знать, сказал я ему, я б и фамилию Виктора себе присобачил[2], только боюсь, что на строчке не поместится. И потом, тройную уже вряд ли кто запомнит. Особенно в армии, представляешь, как меня из строя вызывать или на гауптвахту[3] сажать? Так что не переживай, сказал я ему, вполне прилично: Крюков-Воздвиженский.

Не дуйся, что тебе – тесно? Неуютно?.. Почему – глупо? А Голенищев-Кутузов*, сказал я ему сразу, а Лебедев-Кумач*, а Борисов-Мусатов*, а Римский-Корсаков*? А Семёнов-Тяньшанский*, а Мусин-Пушкин*? Ну?

Да, я начитался, сказал я ему. Есть такая слабость. Вот именно, не порок[4]. И даже, как принято считать, – достоинство…

… Ну, конечно, изменился, сказал я ему, мы ж три года не виделись. Я ж расту, па, сказал я ему, я, в принципе, живу дальше…

---

1 *поклоны бить (устар.)* sich ehrfürchtig verbeugen
2 *присобачить (разг.)* anfügen
3 *гауптвахта (военн.)* Arrestzelle
4 *порок* Fehler, Laster

И пусть тебя моя двойная фамилия не тревожит. На Западе, знаешь, почти у каждого человека двойное или даже тройное имя. Почему это тебе плевать[1] на Запад, поинтересовался я, плевать никуда и ни в кого не следует[2], па, это некрасиво. А то плюнешь, сказал я ему, и попадёшь ненароком в Эриха Марию Ремарка*, или в Федерико Гарсия Лорку*, или в Габриэля Гарсиа Маркеса*. Будет неловко… Запад люблю? Конечно, люблю, па, я всё люблю: и Запад, и Восток, и Юг, и Север.

Я не дер-зю[3], сказал я ему, я поле-мизи-рую. И потом, у меня ж переходный возраст[4] ещё не кончился, так что не расстраивайся.

Да ты смотри на дорогу, сказал я ему, мы же о столб шмякнемся[5]!

… Ой, не спрашивай, не береди открытую рану[6]. Еле переполз[7]. По алгебре трояк[8], по физике – переэкзаменовка[9]. Мать надеется, что за лето ты со мной подзанимаешься[10]. Думаю, это был решающий момент в пользу моей поездки к тебе. Ты же знаешь, сказал я ему, она всегда косо смотрела на эти поездки.

По химии тоже трояк, но более жизнеспособный… Знаешь, сказал я ему, сам удивляюсь, в кого я такой тупой? Всё-таки мать – конструктор, баба толковая,

1 *плевать (разг.)* hier: pfeifen auf etw.
2 *не следует* hier: gehört sich nicht
3 *дерзить* frech werden
4 *переходный возраст* Pubertät
5 *шмякнуться (разг.)* klatschen
6 *бередить рану* in der Wunde herumstochern
7 *переползти* hinüberkriechen
8 *трояк (разг.)* eine Drei
9 *переэкзаменовка (разг.)* Nachprüfung
10 *подзаниматься (разг.)* hier: lernen, nacharbeiten

ты у меня вообще: не кот начихал[1], изобретатель с медалями, три кило патентов. А я как увижу эти ряды формул, так мне тошно становится, вот здесь, под ложечкой[2]. Упрусь взглядом в цифры и ничего не хочу понимать. Организм протестует. Ну почему я должен ползти к этому дурацкому аттестату, почему?!

По сути дела, сказал я ему, происходит многолетнее насилие над человеческой личностью… Как – над чьей? Над моей, конечно! Чего ты смеёшься? Это очень серьёзно. У меня надорванная[3] психика.

Ну, по литературе, по истории пятёрки, конечно, сказал я ему, а что толку? Недавно доклад сделал, историчка[4] просила: «Отражение истории Российского государства в полотнах русских художников». Да, ничего вроде получилось[5]. Бегло, конечно, очень общо, сказал я ему, разве можно такую тему за полтора часа охватить… Репродукции Виктор дал, это ж его хлеб, у нас тьма[6] альбомов дома.

Устроили, конечно, из этого мероприятие, согнали три девятых класса, историчка сидела на задней парте и тихо млела – ей же это засчитывается за внеклассную работу. А вообще, па, всё это чепуха, сказал я ему…

Ни за что! Делать из этого профессию? Быть, как Виктор, каким-нибудь искусствоведом или литературоведом? Да ты что, па, ты меня не уважаешь, сказал я ему. Всю жизнь насиловать[7] искусство только потому,

1 *не кот начихал (разг.)* das ist kein Pappenstiel (das ist nicht unbedeutend)
2 *под ложечкой* in der Magengrube
3 *надорванный* angeknackst
4 *историчка (разг.)* Geschichtslehrerin
5 *ничего вроде получилось* ist wohl halbwegs gut geworden
6 *тьма (разг.)* hier: eine Unmenge
7 *насиловать* Gewalt antun

что у меня неплохо подвешен язык, и я прилично разбираюсь в живописи?.. Нет уж, спасибо. Существовать в искусстве достойно можно, только создавая что-то своё. А понимание – это всего лишь неплохие мозги, разве можно понимание искусства делать профессией? И потом, я как услышу это слово – «искусствовед», мне смешно становится. Представляю себе этакого типа, который искусством ведает, вроде завхоза[1] со связкой ключей. Нет и нет!

А талантов, сказал я ему, никаких за мною не водится, увы…

А никем не хочу… Нет, правда, никем не хочу быть. Ну, ты меня серьёзно спрашиваешь, а я серьёзно отвечаю.

Нет, ты не так понял. Не в смысле – плевать в потолок[2]. Не хочу всю жизнь быть к чему-то привязанным: к месту работы, к такой-то квартире по такому-то адресу, к такой-то женщине, записанной в моём паспорте. Это, по сути дела, крепостное право… Как представляю? А вот как, сказал я ему: я – свободен, совсем, передвигаюсь куда хочу, когда хочу и как хочу, зарабатываю необходимый минимум на хлеб, картошку и книги как получится – где вагон разгружу, где на прополку[3] овощей наймусь[4]… У нас такая личность называется «бич»[5] и преследуется законом, а вот во Франции очень принято, например, наняться на сезон в Голландию – тюльпаны сажать.

Ну что ты заладил[6], па, сказал я ему, «смотришь на Запад!». Я кругом смотрю, не только на Запад. Я смо-

1 *завхоз (заведующий хозяйством)* Verwalter
2 *плевать в потолок (разг.)* faulenzen
3 *прополка* Jäten
4 *наняться* eingestellt werden
5 *бич* Landstreicher
6 *заладить (разг.)* ein und dasselbe wiederholen

трю вокруг себя, сказал я ему, а не только в указанном направлении, хотя мне с детства направление пытались указывать все кому не лень[1]. Родители – ещё туда-сюда[2], куда их денешь, сказал я ему, но вот тебя хватают за шиворот, суют[3] в общий вагон, и всех в одном направлении: сначала октябрятская звёздочка*, потом дружный коллектив класса, потом комсомольская ячейка института*, и так до конца жизни… Ой-ёй-ёй, испугал: единоличник! Надеюсь, сказал я ему. Надеюсь, что я – единоличник. Всё, что сделано в искусстве и науке, сделано единоличниками.

Ну ладно, сказал я ему, не пугайся. У тебя, па, вид такой обескураженный[4]. Думаешь, наверное, что я попал в лапы наших врагов. Мало ли чего я болтаю, сказал я ему, возраст такой, переходный, и три года мы не виделись. Ты меня здесь за лето обстругаешь и отполируешь до зеркального блеска. Смотри на дорогу… Грузила[5] новые купил? Молоток[6]… Помнишь, на Голубых озёрах цаплю[7], похожую на твоего Кирилл Саныча! Ох, умора! Па, а правда, у меня совсем уже бас установился? Почему это – баритон? Бас, бас, сказал я ему, натуральный бас. Нас с Виктором почему-то путают по телефону, говорят – голоса похожи. Помоему, совсем не похожи… При чём тут Виктор…

Дома как? Нормально дома… Мама? Ну ты же знаешь, сказал я ему, мама всегда больна…

---

1 *все кому не лень* jeder, der Lust hat
2 *ещё туда-сюда (разг.)* geht noch
3 *совать* (hinein)stecken
4 *обескураженный* entmutigt
5 *грузило* Lot, Senkblei (Anglerausrüstung)
6 *молоток, молодец (разг.)* bravo
7 *цапля* Reiher (Vogel)

«…В самом деле, и чего я привязался к нему с этой двойной фамилией? Просто в тот момент, когда он с гордостью продемонстрировал новенький, словно отутюженный паспорт с этой самой фамилией-поездом, меня вдруг как обухом[1]: он всё знает!

Боже мой, как я его ждал! Как я выцарапывал его оттуда в это лето телефонными звонками, письмами, телеграммами. Я отправил на дорогу всю премию[2], хотя на билет хватило бы её пятой части. До вчерашнего дня я так и не был уверен, что они отпустят его. Ведь изобретали же они причины все эти три года. Ничего, ничего, я просто перенервничал. Всё в порядке, шеф, всё в полном порядке. Досадный срыв[3] – не спал две ночи, с утра гонял на рынок за фруктами, драил[4] свою берлогу[5] и всё время думал: теперь он взрослый парень, взрослый. Мы же три года не виделись. Он с такой щенячьей гордостью показал мне паспорт со своей двойной фамилией, чёрт бы меня подрал. И я вдруг глупо прицепился к нему, дурак, жалкий старый дурак!

Да, я растерялся. Хотя при чём тут двойная фамилия? Вот при чём: запахло жареным. Столько лет я частенько в мыслях жалел Виктора, да, мне в голову не приходило жалеть себя. Я так и думал этими словами: «бедняга Виктор», думал я. А тут, когда в самую точку было бы пожалеть Виктора именно сейчас, я испугался. Я понял впервые, что чувствуешь, когда тебя прошибает холодный пот.

---

1 *как обухом (по голове) (разг.)* wie vor den Kopf geschlagen
2 *премия* Urlaubsgeld
3 *досадный срыв* ärgerlicher (Nerven-)Zusammenbruch
4 *драить* schrubben
5 *берлога* Höhle

…Ну что ж, наивно думать, что мальчик проживёт всю жизнь, так и не узнав правды. Это несправедливо по отношению к нему. Когда-нибудь придётся всё рассказать, расставить по местам каждого из нас, разъяснить эту дикую ситуацию, разобрать по камешкам крепость лжи, возведённую для его спокойствия. И что говорить при этом? Доведись[1] мне – что бы я сказал ему?

Видишь ли, мужик, мы лгали во имя тебя, сказал бы я ему. Ради тебя трое взрослых людей поддерживают доброжелательные отношения по телефону, договариваются о разных бытовых мелочах[2], обсуждают твой характер и планы на будущее, – трое взрослых, которым давно хочется забыть друг о друге…

Видишь ли, мужик, сказал бы я ему, начинать-то надо не с тебя, а с того, что восемь лет тебя не было, и с каждым годом таяла надежда, что когда-нибудь ты появишься. Мама всегда была больным человеком – почки, гипертония, то-сё[3], а главное, органы, которые предназначены для этого дела, ну, ты взрослый парень, сам понимаешь… Восемь лет…

Да, сказал бы я ему, это верно, мы неважно жили с твоей мамой. Не сразу, конечно, но наша тающая надежда теплилась, как чахоточная[4] девочка в семье. Знаешь, это подтачивает отношения мужчины и женщины. Нет, конечно, есть семьи, прекрасно существующие без детей, но здесь другой случай. Словом, когда надежда на твоё появление совсем зачахла[5], тут ты и

---

1 *довестись* sich bei Gelegenheit ergeben
2 *мелочь* Kleinigkeit, Kleinkram
3 *то-сё (разг.)* dies und das
4 *чахоточный* schwindsüchtig
5 *зачахнуть* verkümmern

забрезжил[1]. В один прекрасный для меня день. Врачи уверяли, что наш случай один на тысячи. И тогда я подумал: мой ребёнок должен быть чертовски везучим, если ему удалось возникнуть и выжить тогда, когда это не удаётся тысяче другим. Мой ребёнок будет счастливчиком, думал я, ведь ему уже повезло. И я стал ждать тебя. Я неистово ждал тебя, мужик, сказал бы я ему, для меня уже тогда ты был не смутным зреющим комочком[2], а конкретным человеком, личностью, уже совершившей поступок тем, что крохотной клеточкой уцепился за жизнь на краю небытия и выжил.

Знаешь, мужик, сказал бы я ему, вот тогда всё изменилось у нас. Твоя мать стала вдруг очень нежна со мной. Её обычная раздражительность растворилась в нашем общем ожидании тебя. Ну что ж, говорил я себе, значит, это правда, что женщина становится мягче и трепетнее в этот период. Ты уже взрослый парень, мужик, сказал бы я ему, бойся внезапной женской нежности.

Это нежность подползающего удава[3], заранее жалеющего свою жертву.

У меня нет ненависти к твоей матери, мужик, сказал бы я ему. Просто у нас с ней свои счёты, и не твоего ума это дело.

Да, это правда, что я не забыл и не простил ей никогда, но – не предательства[4], нет – все мы слабые люди, сынок, и всякое может случиться с человеком; я не простил ей этой обдуманной нежности. И в даль-

---

1 *забрезжить* dämmern
2 *зреющий (зреть) комочек* heranreifendes Klümpchen
3 *удав* Riesenschlange
4 *предательство* Verrat

нейшем[1] я не прощал этого всем женщинам, которых встречал на своей дороге. Поэтому я один, мужик, сказал бы я ему…»

… – Мама? Ну, ты же знаешь – мама всегда больна, поэтому проживёт дольше нас всех. Почему груб? Я не груб, сказал я ему, а критичен. Мать я люблю, она меня вырастила, просто объективно оцениваю действительность. Вот кто правда сдал[2] в последнее время – это Виктор. Кажется, я писал тебе, что полгода назад его трахнул[3] небольшой инфаркт? Словечко? Да брось ты, па, сказал я ему, это не хамство, я прост и суров. Ты просил рассказать, как дома, я рассказываю.

Так вот, Виктор… После этого инфаркта он постарел, как будто разом от всего устал. Он вполне приличный дядька, ты же знаешь, мы с ним всегда ладили, а в последнее время он стал угрюмый, вспыльчивый[4], пару раз даже стычки у нас были… Ну и что? Больной – не больной, это не повод орать.

Что на днях было, к примеру: сидели мы на кухне, завтракали. Я, не помню уже по какому поводу, говорю матери, мол, что за имя вы с отцом мне выбрали – Филипп! Дура классная[5] уже раза два острила, что мой аттестат будет филькиной грамотой*. Не могли назвать каким-нибудь нормальным Сашей или Димой?

А мать мне на это, довольно мирно, между прочим, говорит: зато, мол, этих Саш и Дим в каждом классе по пять штук, а ты такой один на всю школу…

---

1 *в дальнейшем* in der Folgezeit
2 *сдать* hier: nachlassen, alt werden
3 *трахнуть (разг.)* hier: erwischen
4 *вспыльчивый* reizbar, jähzornig
5 *классная (руководительница) (разг.)* Klassenlehrerin

Ой, па, ей-богу, смотри ты на дорогу, сказал я ему, что ты каждую минуту на меня вытаращиваешься[1]!

Так вот… А я тут и говорю ей: тогда надо было назвать меня Остеохондроз, я был бы один такой на весь земной шар. Нормально схохмил[2]?

Вот. Был бы, говорю, Остеохондроз Георгиевич Крюков-Воздвиженский… Дело в том, что, понимаешь, мать разыскала у себя новую болячку[3], этакую милягу – остеохондроз[4]. Целыми днями только и слышишь: остеохондроз там, остеохондроз здесь. Он прямо как член семьи у нас поселился. Ну ты же знаешь, когда мать увлекается какой-нибудь новой болезнью, она делает это вдохновенно и с большой душевной отдачей[5]. Нет, ты не подумай, сказал я ему, мать я вообще-то жалею, но больше всех её жалеет она сама. Ой, ну ладно, дай дорасскажу, потом насчёт сострадания[6] выдашь.

Только я пошутил про этот самый остеохондроз, Виктор вдруг ни с того ни с сего ка-ак шарахнет[7] кулаком по столу и давай нести всякую ахинею[8]: тра-та-та благодарность, тра-та-та уважение к матери, ну ни к селу, ни к городу, а главное, совсем не из своей оперы. Какой-то воспитательный момент из плохой телевизионной киношки. Я даже оторопел[9]. Так и такие словеса[10], между прочим, мелькали, про поим-кормим-

---

1 *вытаращиваться (разг.)* glotzen, Augen aufreißen
2 *схохмить (разг.)* Witz reißen
3 *болячка (разг.)* Wehwehchen
4 *остеохондроз* Knochenbildung
5 *душевная отдача* seelische Hingabe
6 *сострадание* Mitgefühl
7 *шарахнуть (разг.)* schlagen
8 *ахинея (разг.)* Unsinn
9 *оторопеть* verdutzt, verblüfft sein
10 *словеса (ирон.)* Worte

одеваем. Ну разве не гадость, па? Тем более, что ты очень прилично на меня посылаешь. Я возмутился и демонстративно свой бутерброд надкушенный[1] ему предоставил прямо под нос…

Между прочим, так и уехал не помирившись[2]. Виктор, надо сказать, переживал и в последний день даже подлизывался слегка, хотел наладить отношения. Но я – фиг вам, я человек суровый.

Не морочь мне голову, па, почему я должен спускать несправедливость только потому, что человек себе инфаркт нагулял? Да нет, «нагулял», это, конечно, опечатка, сказал я ему. Куда Виктору гулять при его брюшке и лысине, кому он нужен! Вот ты у меня молоток, сказал я ему, подтянутый[3] такой, сухопарый[4] американец. Грива седая, суровые морщины лоб бороздят.

Смотрю на тебя, и мне льстит мой портрет в ста… в зрелом возрасте, я хотел сказать… Кстати, как у тебя в личном, па, без новостей?.. Ну, извини, извини, сказал я ему, главное – смотри на дорогу, мне ещё жить да жить…

«…Поэтому я один, мужик…

Впрочем, одну женщину неизменно вспоминаю с почтительной нежностью незнакомца. Я даже имени её не знал. Вообще я ничего не знал о ней. Только видел.

Ночью, когда она включала лампу, чтобы покормить своего ребёнка. Ты, конечно, не помнишь нашей старой квартиры. Тесная такая двухкомнатная квартир-

---

1 *надкушенный* angebissen
2 *помирившись (помириться)* versöhnt
3 *подтянутый* schneidig, stramm
4 *сухопарый* hager

ка, какие строили лет тридцать назад. И дома строили кучно, чуть ли не впритык[1] один к другому. Наши окна и окно этой женщины просто гляделись друг в друга.

Это было время, когда я отсчитывал дни до твоего рождения. Ты же знаешь, я люблю работать по ночам. Кофе покрепче, пачка сигарет, чертёжная доска[2] и тетрадь с расчётами – да, бывают вечера, когда за работой я чувствую себя счастливым. А в те месяцы, мужик, мне удавалось всё необычайно[3], минутами я верил, что в своём деле способен на нечто выдающееся[4]…

Так вот, около двенадцати тихим светом озарялось окно в доме напротив.

В освещённом, без занавесок, прямоугольнике окна простоволосая[5] женщина в сорочке[6] двигалась по комнате медленно и сонно, как рыба в аквариуме.

Иногда, накормив ребёнка, сразу укладывала его в коляску и гасила свет.

А бывало, подолгу укачивала его, лунатически слоняясь[7] по комнате. Никого другого никогда в этом окне я не видел. Женщина всегда была одна. Она и ребёнок.

Сначала мне казалось странным, как при такой скученности домов она не догадалась повесить занавески, ведь вся комната с унылой железной кроватью и детской коляской просматривалась от стены до стены.

---

1 *впритык* dicht
2 *чертёжная доска* Zeichenbrett, Reißbrett
3 *необычайный* außergewöhnlich, erstaunlich
4 *выдающийся (выдаваться)* herausragend
5 *простоволосая* mit offenem Haar
6 *сорочка* (Nacht-)hemd
7 *лунатически слоняясь (слоняться) (разг.)* hier: nachtwandlerisch umherlaufend

Потом я понял: ей было не до того[1]. Когда каждую ночь тебя будит голодный плач ребёнка, и ты с усилием отрываешь от подушки тяжёлую голову, и собственное тело кажется ватным и свинцовым одновременно, и это изо дня в день, вернее, из ночи в ночь много месяцев, – тогда, конечно, тебе абсолютно до лампочки[2], что там видят из окон соседи, а если и видят, то пусть катятся ко всем лешим*.

Я понял это пару месяцев спустя, когда родился ты, и наши окна стали зажигаться почти одновременно – на перекличку[3] Великого Братства Кормящих.

Только у меня не было такого преимущества, как благодатная грудь, полная молока. Поэтому, натыкаясь на косяки и поскуливая[4] от усталости, я сначала тащился на кухню разогревать бутылочку.

Но всё это было потом, сказал бы я ему, потом, после того звонка. День, когда ты родился, когда я наконец дождался тебя… Ладно, не будем об этом, не стоит распускать слюни[5], мужик, а без слюней я здесь не обойдусь, сказал бы я ему. Видишь ли, мне исполнилось в тот год сорок лет.

Когда мужчине стукнет сорок, это, как ты говоришь, не кот начихал. Мне было сорок лет, и я кое-что умел в своём деле, и вот у меня родился сын.

Я до сих пор помню голос женщины в справочной[6] роддома[7], голос с певучим украинским растягиванием гласных: «Сы-ин у вас…»

---

1 *ей было не до того (разг.)* ihr kam es nicht in den Sinn
2 *до лампочки (разг.)* jmdm. ist schnuppe
3 *перекличка* Appell
4 *поскуливать* winseln, jaulen
5 *распускать слюни (разг.)* losflennen, losheulen
6 *справочная* Empfang
7 *роддом* Entbindungsstation

Да, мужик, сказал бы я ему, незачем гневить[1] судьбу – я пережил это мгновение. И целых два дня потом у меня был сын. У меня был сын, мужик, целых два дня. И я этому моему сыну успел накупить всё, что требуется для счастливой жизни, – пелёнки, распашонки, шапочки и замечательную коляску цвета морской волны.

А потом мне позвонили… Накануне вечером я поздно лёг – до часу клеил обои в будущей твоей комнате. И всю ночь мне снилась наша эвакуация в Ташкент*, чёрные, палённые солнцем толкучки[2] и мама, удивительно живая и сытая. Всю ночь крутилась муторная карусель – тяжёлое, давящее сердце, детство, а в полвосьмого меня разбудил звонок.

– Георгий? – спросил прерывистый, торопящийся голос женщины. – Вы знаете, что ваша жена родила не от вас?

Это было продолжением дурного[3] сна.

– Вы не туда попали[4], – сказал я.

– Туда! Туда! – крикнула она надрывно, толчками и, кажется, плача. – Господи, о чём вы думаете?! Вы что – считать не умеете? Жена рожает после курорта восьмимесячного ребёнка на четыре кило, а муж как слепой, как дурной – ходит и радуется!

– Какой курорт? – спросил я, растирая ладонью занемевшее[5] сердце. – Что вы мелете[6]?

– Ну турпоездка, куда там они ездили – в Киев, в Минск? Какая разница? – она плакала.

---

1 *гневить* erzürnen
2 *толкучка (разг.)* Trödelmarkt
3 *дурной* hier: böse, übel
4 *не туда попасть* falsch verbunden sein
5 *занеметь (разг.)* erstarren
6 *молоть (ерунду, вздор) (разг.)* Unsinn reden

– Кто вы такая? – спросил я. Хотя мне уже было всё равно, кто она такая, потому что я вдруг разом и окончательно понял, мужик, что всё это – правда.

– Да я и есть жена Виктора!

– Какого Виктора? – спросил я. Кажется, у меня был очень спокойный, замороженный до бесчувствия голос.

– Вы что – спите?! – крикнула она. – Вы понимаете, что я вам сказала? Господи, вы понимаете, что в нашей жизни произошло?! Мы были у вас в прошлом году, вспомните, на дне рождения!

– Я ничего не помню, – сказал я.

– Мы пришли с Тарусевичами!

– Я ничего не помню, – тихо повторил я. Видишь ли, мужик, кто там куда пришёл с Тарусевичами, зачем и когда – вся эта галиматья[1] меня уже не интересовала. Главное заключалось в том, что у меня отняли сына.

– Что вы молчите?! – кричала она. – Алло! Вам что – плохо? Вы слышите меня? Я жена Виктора. Он позавчера бросил меня, ушёл, сказал, что любит вашу жену. Мы должны это пресечь[2], слышите?! Сделайте что-нибудь, вы же мужчина! – Она всхлипнула и добавила тише: – Только не бейте её, а то молоко пропадёт[3].

Проклятая бабья[4] солидарность, подумал я тогда, даже в такой ситуации.

Чего она добивалась, на что рассчитывала эта женщина, когда, сидя на руинах собственной семьи, громила[5] чужую? Впрочем, что может рассчитать обезумевшая от горя женщина…

---

1 *галиматья (разг.)* Unsinn, dummes Zeug
2 *пресечь* unterbinden
3 *пропасть* verlorengehen, wegbleiben
4 *бабий* Weiber-
5 *громить (разг.)* zerstören, demolieren, vernichten

Я опустил трубку, но весь день чудилось, что подними я её – и забьётся, заколотится внутри надрывный плач.

Я собрал чемоданчик. При моей профессии, мужик, и с моей башкой я мог устроиться где угодно и мог ехать куда угодно, лучше – подальше. И мог с чистой совестью открывать, как говорится, новую страницу своей жизни. Я и собирался это сделать.

Мне было сорок лет, и я кое-что умел в своём деле и был одинок и свободен, одинок и свободен. А ведь это немало, правда? И не стоит очень вдаваться[1] в мои чувства, сказал бы я ему. Ей-богу, не стоит очень носиться с моими тогдашними переживаниями. Подумаешь – кто-то кого-то предал, вернее, предавал, расчётливо и долго. В жизни ведь и не такое случается, верно, мужик, жизнь – штука страшная.

Оставалось только забрать из роддома её и этого ребёнка. Ведь она была совсем одна в Москве, а рыскать по городу в поисках пресловутого[2] Виктора с тем, чтобы он принимал своё хозяйство[3]… Нет уж, увольте… Мне не было дела до этого Виктора. Всё-таки к тому времени мы прожили с твоей матерью почти девять лет, а это – как ты говоришь? – вот-вот: не кот начихал… Отделаться запиской на столе? С детства привык выяснять отношения лицом к лицу. Да и странно было бы уехать не объяснившись. Впрочем, особенно-то разбираться[4] в этой истории я не собирался; где там они встречались, сколько и когда – а катились бы они к такой-то матери.

1 *вдаваться* eingehen
2 *пресловутый* berüchtigt
3 *хозяйство* hier: Zeug
4 *разбираться* hier: Einzelheiten klären

Но вот один вопрос я бы ей задал. Наверное, трудно, спросил бы я, носить под сердцем ребёнка от одного мужика, а обнимать другого. Наверное, трудно, спросил бы я, говорить при этом нежно: «Наш маленький!» Наверное, трудно, очень трудно улыбаться, когда мужчина, бережно притрагивается к большому, драгоценному для него животу, чтобы почувствовать толчки[1] чужого ребёнка?.. А, ладно!..

Словом, в положенный день я сложил в пакет необходимые для младенца вещички, всё честь по чести[2], и пошёл в роддом. Между прочим, даже с цветами. Уж что-что, думал я, а цветы она заслужила, всё-таки настрадалась, человека родила, моего – не моего, какая разница, боль одна. Сидел я в этом зальце, куда по одной выводили рожениц[3] с кружевными свёртками[4] нежных тонов, мусолил букет гвоздик[5] и ждал, когда выведут её.

Устал я от всего страшно, от чёрной пустоты, которую, словно дупло в дереве, выжгла во мне горечь. Сидел и равнодушно прислушивался к писку[6] новорожденных в комнате за дверью, где их одевали. Что было мне до этого писка, когда моего сына не существовало на свете!

Наконец вывели её. И такая она оказалась измученная, жёлто-восковая, тощая, как говорится, краше в гроб кладут, что сердце моё вдруг сжалось. Бог её знает – о чём она передумала там, в палате, глядя на своего ребёнка. Тоже ведь, поди, нелегко – одно дело

---

1 *толчок* hier: Stoß
2 *честь по чести* hier: wie es sich gehört
3 *роженица* Wöchnerin
4 *свёрток* Bündel
5 *гвоздика* Nelke
6 *писк* Piepsen

носить его, неизвестного, а другое дело – в лицо заглянуть: вот он, лежит в пелёнках, дышит, сосёт. Человек. Рано или поздно о чём-нибудь да спросит.

Такая у меня, должно быть, физиономия была, что всю дорогу в такси твоя мать спрашивала тревожно: «Что с тобой? Что-то случилось?»

А как увидела в прихожей мой чемоданчик, всё поняла: сжалась, голову в плечи втянула, маленькая и сутулая.

Я положил свёрток в кроватку, ребёнок завозился и чихнул два раза очень забавно, как взрослый… Безбровый и насупленный, словно рассерженный. А носа и вовсе нет – две дырочки.

– Важный, – сказал я, рассматривая его. – Директор. Наверное, на Виктора похож?

– Клянусь тебе!! – выкрикнула она жалко и пронзительно. – Клянусь тебе, это сплетни[1]! Это ложь! Он твой, клянусь тебе!

И по тому, мужик, как она извивалась, как она кричала – задушенно[2], словно птица, которой мальчишки сворачивают голову, – я убедился окончательно, что всё – правда. И ещё она подалась всем своим тощим телом к кроватке – закрыть, защитить от меня своего птенца[3], будто я мог причинить ему какой-то вред.

И так мне жалко их стало – и её, и этого чужого малыша. Ведь они были одни, вдвоём, на всём свете. Беспомощные, они принадлежали друг другу, как косточка принадлежит сливе, и в этом заключалась мощная правда жизни, а всё остальное, и мои паршивые[4] переживания в том числе, было ерундой.

1 *сплетня* Gerücht, Klatsch, Gerede
2 *задушенный* erstickt, erwürgt
3 *птенец* (Vogel-)Junges
4 *паршивый* räudig, mies

И объясняться мне тогда расхотелось[1], и вопросы свои задавать. Такой у неё вид был замученный и худоба страшная – кого казнить, с кем счёты сводить[2]? Что там творилось в её душе, в её совести, что она сожрала себя всего за неделю? Бог знает…

А потом ребёнок заплакал и долго истошно верещал[3], потом надо было кормить его, потом он обмочил и испачкал подряд неимоверное количество пелёнок, и их надо было сразу застирать[4] и одновременно выгладить[5] с двух сторон те, которые уже высохли, и – пошла крутиться карусель, какая бывает в доме с недельным младенцем, непрерывно орущим к тому же.

Я понял, что должен остаться дня на два, помочь ей освоиться, – она совсем растерялась, через час уже валилась с ног и даже раз пять принималась беспомощно рыдать, когда ребёнок заходился в истошном[6] крике.

А к вечеру выяснилось, что у неё высокая температура и боли в груди. К ночи она стала молоть галиматью и тоненько плакать.

Я вызвал «скорую»[7]. Толстая сердобольная докторша осмотрела её и велела собираться в больницу. Твоя мать металась, хватала докторшу за полы халата, умоляла оставить её, а та уговаривала:

– Ну что вы, милая, не убивайтесь так, ведь на отца оставляете, не на чужого дядю.

---

1 *расхотеться* keine Lust mehr haben
2 *сводить счёты* mit jmdm. abrechnen
3 *верещать* schreien, quäken
4 *застирать* auswaschen
5 *выгладить* bügeln
6 *истошный* entsetzlich, lauthals
7 *«скорая» (скорая помощь)* Rettungswagen, Notarzt

И когда твою мать под руки выводили к машине, она обернулась и посмотрела на меня таким затравленным[1] взглядом, что я, мужик, задвинул свой чемоданчик ногой под стул, и она это видела.

Да, мужик, сказал бы я ему, вот так мы остались с тобою один на один[2], когда тебе исполнилась неделя.

Уже через час ты отчаянно орал, требуя материнскую грудь. Я распеленал тебя. Ты поджимал к животу красные скрюченные ножки, беспорядочно вздрагивал кулачками и верещал от голода. Что я мог сделать в двенадцатом часу ночи?! Магазины со спасительными молочными смесями для младенцев открывались в восемь, с голоду к этому времени ты бы, конечно, не умер, но душу из меня своим отчаянным криком к утру вытряс бы.

Я ходил по комнате, равномерно потряхивал тебя и едва не выл от сознания своей бесполезности.

И вот тут засветилось окно в доме напротив. Теперь я уже знал, что женщина зажигает свет не когда придётся, а для двенадцатичасового кормления.

Для меня же в ту кромешную ночь этот притушенный свет настольной лампы показался грянувшим с небес солнечным сиянием.

Я решился. Положил тебя, орущего, в кроватку, сбежал вниз, пересёк тёмный двор и, взлетев на третий этаж, нажал на кнопку звонка.

– Кто там? – спросил за дверью заспанный женский голос.

– Откройте, умоляю[3], немного молока! – бестолково выкрикнул я, пытаясь унять шумное дыхание.

1 *затравленный* gehetzt
2 *один на один* unter vier Augen
3 *умолять* anflehen

Она сразу открыла. До сих пор не могу понять – как не побоялась одинокая женщина открыть ночью дверь на маловразумительные[1] вопли чужого мужика. Но она открыла. И спросила с готовностью:

– Что случилось?

Она так и стояла, какой я привык видеть её в окне, – в ночной сорочке, растрёпанная, не слишком уже молодая, с хронической усталостью на лице…

– Что у вас стряслось[2]?

– Мальчик… – сказал я с дурацкой дрожью в голосе, ежесекундно помня, что ты лежишь там один, крошечный, орущий, ни в чём не виноватый червячок.

– Мальчик… всего неделя… мать в больнице… безвыходное… умоляю вас…

– Тащите его сюда, – спокойно проговорила она, – у меня молока немного, но вашей пигалице хватит.

Я вернулся, схватил тебя, багрового от крика, завернул в одеяло, пересёк тёмный двор и взбежал на третий этаж.

Женщина уже стояла в дверях, в той же сорочке, даже халата не набросила. Взяла тебя и сказала:

– Ишь ты, колокольчик. Погремушка[3]. Весь подъезд перебудил, – она села на кровать и, нисколько не смущаясь присутствием незнакомого мужчины, достала из глубокого выреза рубашки грудь, перевитую голубыми венами.

Ты жадно схватил сосок, захлебнулся, закашлялся, напрягая тонкую цыплячью шейку.

– Ну! – прикрикнула она и шлёпнула пальцем по твоей щеке. – С голодного края!

1 *маловразумительный* wenig verständlich
2 *стрястись* zustoßen, passieren
3 *погремушка* Rassel

Ты опять схватил грудь и засосал, шумно цокая и глотая. И я, наконец, сглотнул слюну и погладил колени потными ладонями.

– Вы спасли нас, – сказал я.

– Ничего, – хмыкнула она, разглядывая тебя, – недели через две будете гораздо спокойнее переносить его плач. А что с матерью?

– Мастит[1]. «Скорая» забрала часа три назад.

– А! – сонно пробормотала она, прикрывая веки. – Ничего, всё наладится… Всё у вас наладится…

Она кормила тебя с закрытыми глазами, чуть раскачиваясь и придавливая большим пальцем грудь над твоим носом. Её ребёнок тихо спал в коляске у стены. Она не знала, что ничего у нас не наладится, ничего… Желтоватый свет настольной лампы мягко высвечивал и округлял её плечо, грудь и локоть, на сгибе которого уютно примостилась твоя голова. И это было красиво, трепетно и свято, как на полотнах старика Рембрандта. Завороженный, я следил за скольжением пугливых теней по её растрёпанной, покачивающейся голове, по усталому лицу, по тонким нервным рукам, и в горле у меня… да, ну ты мал ещё, сказал бы я ему, ничего не поймёшь… Мал ты и глуп, как и положено в твоём переходном возрасте.

…Наконец ты выпустил сосок, смешно выпятив при этом крошечную нижнюю губу. Из уголка рта стекла по щеке белая бусина молока, лоб блестел от пота. Ты спал.

– Ну вот, – сказала она. – И всего-то для счастья надо.

– Да, – согласился я, – лет через шестнадцать обеспечить ему счастье будет гораздо сложнее.

1 *мастит* Mastitis, Brustdrüsenentzündung

И мы с ней переглянулись.

– А как вы догадались про меня, – вдруг спросила она, – что я кормящая?

– Я вас в окне вижу каждый вечер, – сказал я. – У меня письменный стол перед окном.

– Да… – она усмехнулась. – Занавески бы повесить, да руки не доходят[1]. Мы скоро съедем[2], – добавила она, – это подруга пустила пожить на три месяца, пока в отъезде. А вообще мы с нею, – женщина кивнула в сторону коляски, – комнаты снимаем[3]…

– Знаете что, – предложила она, – оставьте-ка своего парня у меня до утра, ведь часов в шесть он опять жрать потребует. А я его здесь, с собой уложу.

Действительно, лучше тебе было остаться до утра под тёплым боком женщины, близ кормёжки.

– Пожалуй, – согласился я. – Спасибо вам за всё. Не знаю, как и благодарить.

– Да никак, – усмехнулась она. – Вот посмотрела на хорошего отца, и самой легче стало. Выходит, всё-таки попадаются[4]…

…Я вернулся домой, сел за письменный стол и собрался ждать утра. Свет в окне напротив погас, а я никак не мог заставить себя лечь и заснуть. Я ходил по комнате, мимо твоей пустой кроватки, и не мог очухаться[5] от всего, что на меня вдруг свалилось. Эта пустая кроватка торчала перед глазами.

Выходит, я сбыл тебя с рук[6]. Обрадовался. Отделался. Хоть до утра, но отделался. Сильный, здоровый

1 *руки не доходят (разг.)* ich komme nicht dazu
2 *съехать* ausziehen
3 *снимать* hier: mieten
4 *попадаться* begegnen, vorkommen
5 *очухаться (разг.)* zu sich kommen, zur Besinnung kommen
6 *сбыть с рук (разг.)* loswerden

мужик топтался вокруг пустой кроватки часа полтора и наконец не выдержал.

Я спустился, пересёк тёмный двор, взбежал на третий этаж и снова позвонил в её дверь.

На этот раз она долго не открывала, и я клял[1] себя последними словами, но продолжал нажимать на кнопку звонка. Наконец, она открыла.

– Ради бога, простите, я измучил вас, – виновато и торопливо произнёс я. – Но знаете, лучше всё же я заберу мальчика. Что-то места себе не нахожу… Кроватка эта пустая. Лучше принесу его вам в шесть утра.

– Я понимаю вас, – сказала она, нисколько не раздражаясь. – Посидите, я нацежу молока в бутылочку, покормите дома, из соски…

Чужой ребёнок, я водворил[2] тебя на твоё законное место в моём доме и вздохнул с облегчением. Ты спал, выражение маленького лица по-прежнему оставалось директорским, но не сердитым, а важно-умиротворённым. Я наклонился и долго разглядывал выпуклый лоб, закрытые веки. Потом легонько притронулся указательным пальцем к носу – кукольному, блестящему. И вдруг уголок твоего рта дёрнулся и съехал вбок в насмешливой улыбке. Какие ангелы снились тебе в эту первую беспокойную ночь в нашем доме?

И вот тогда я сильно пожалел, что ты не мой сын, потому что ты мне нравился. Впрочем, мало ли чужих симпатяг-детей с пухлыми щёчками и кнопками-носами встречается нам в жизни? Нет, ты был чужим сыном, и мне надлежало[3] только смотреть за этим

1 *клясть* verfluchen
2 *водворить* schaffen
3 *надлежать* müssen

чужим сыном, пока не вернётся из больницы его мать, моя бывшая жена…

Утром я сбегал в ближайший магазин, накупил коробки молочных смесей, колбасы и картошки – для себя, чтобы подольше не выходить из дому, и, вернувшись, позвонил на работу, попросил у Кирилл Саныча отпуск за свой счёт, на две недели. Тот всегда ко мне хорошо относился, наверное, предчувствовал, что впереди у нас немало статей в соавторстве[1].

– Ты, Георгий, главное, не волнуйся, – сказал он, – а то молоко пропадёт.

И засмеялся своей глупой шутке.

Я наварил тебе, мужик, жратвы[2] на целый день и накормил до отвала[3], чтобы ты крепко спал и не морочил мне голову, пока я стираю пелёнки и вожусь по хозяйству. И так мы довольно мирно жили до обеда, пока не нагрянула детская патронажная сестра, суматошная[4] и шумная.

– Так, – начала она с порога, энергично отирая ноги о сухую тряпку под дверью – Здравствуйте, папа, поздравляю вас, с кем – мальчик, девочка?

– Мальчик, – пробормотал я, растерявшись от её напора.

– Славненько! – она вихрем промчалась в ванную, открыла оба крана до отказа и, мóя руки, выкрикивала оттуда скороговоркой: – Замачивайте пелёнки в ведре, немного марганцовки[5] и мыла, потом прополоскать[6], и всё! Иначе не настираетесь!

1 *соавторство* Mitautorenschaft
2 *жратва (разг.)* Futter
3 *до отвала (разг.)* bis zum Umfallen
4 *суматошный* hektisch, durcheinander
5 *марганцовка* Kaliumpermanganat (Desinfektionsmittel)
6 *прополоскать* spülen

Из ванной ринулась в твою комнату, ни на секунду не умолкая:

– Водичкой поите? Хорошо! Писает часто? У-ю-ю, какие мы сердитые! Ну-ка, покажись тёте, ну-ка, развернёмся! Вот так! Прекрасно. Пупок[1] зелёнкой* мажете? Хорошо. Ох, какой голосок звонкий! Ну, перевернёмся на животик…

Вдруг она умолкла и ниже склонилась над тобой. Потом нашарила в кармане халата очки и, надев их, молча продолжала рассматривать какой-то неожиданный гнойничок[2] на сморщенной красной спинке.

– Что-нибудь не так? – насторожился я.

– Ещё как не так! – пробормотала она. – Ага, вот ещё один. Под мышкой… И за ушком… Всё это, папа, очень похоже на стафилококковую инфекцию. А где мать?

– В больнице, – упавшим голосом сказал я. – Скажите: насколько это опасно?

– Опасно! – энергично ответила она. – Но вы, папа, не психуйте. Ребёночка мы госпитализируем, там его антибиотиками поколют[3].

Что и говорить, мужик, большое это было для меня облегчение – сбыть тебя с рук на больничный харч[4] и государственный уход[5]. Но что-то не испытал я большого облегчения.

– Как – в больницу? Одного?

– Одного, одного, – бодро подтвердила медсестра. – Не с вами же… Вы только в руки себя возьмите[6], муж-

1 *пупок* Bauchnabel
2 *гнойничок* Eiterbläschen, Pustel
3 *(по)колоть* Spritzen geben, spritzen
4 *харч* Verpflegung
5 *уход* hier: Pflege, Obhut
6 *взять себя в руки* sich zusammenreißen

чина, что-то лица на вас нет. Сейчас малыша ещё доктор наш посмотрит и быстренько выпишет направление[1].

Она вынеслась из квартиры, а я запеленал тебя, сел возле кроватки и стал на тебя смотреть. И стал, мужик, представлять тебя, пятидесятитрёхсантиметрового, на большой-то больничной койке[2], и огромный шприц со здоровенной иглой, которую всаживают в твою крошечную попку, и как ты бессмысленно орёшь при этом, не понимая, откуда взялась боль и за что она.

Участковая наша врачиха*, к счастью, оказалась не такой энергичной особой. Она осмотрела тебя, помолчала, спросила про мать и наконец сказала:

– Как участковый врач, я должна настаивать на госпитализации. Но как мать троих детей и бабка пятерых внуков, очень советую вам воспротивиться[3] и оставить его при себе. Выпишу антибиотики, наша медсестра будет приходить к вам на уколы четыре раза в день. Не смотрите, что она торпедная, уколы делает великолепно. Только заплатите ей, конечно, она не обязана. А подработает с охотой, она троих гавриков[4] одна поднимает[5]… Будем надеяться на хороший исход. – И, почему-то понизив голос, добавила: – У нас, разумеется, лучшее здравоохранение[6] в мире, но родной отец есть родной отец. Вы меня поняли?

1 *направление* hier: Einweisung
2 *койка* (Krankenhaus-)bett
3 *воспротивиться* sich widersetzen
4 *гаврик (разг.)* Junge
5 *поднимать (разг.)* hier: großziehen
6 *здравоохранение* Gesundheitswesen

Все они, как сговорившись[1], пытались внушить мне, что я имею к тебе самое непосредственное отношение. Но больше всех это втолковывал[2] мне ты сам: орущим голодным ртом, ладошкой, шлёпающей по моей руке, когда я кормил тебя из соски, огромным количеством мокрых пелёнок, которые я должен был перестирать и перегладить за день…

Потом наступили совсем плохие дни, мужик, когда твоё маленькое тельце превратилось в сплошную воспалённую рану. И я держал тебя распелёнутым, чтобы прикосновения воздуха хоть немного облегчали твои страдания. И ты не кричал уже, а стонал, как взрослый, и я думал, что сойду с ума от этих стонов. Ночами я носил тебя на руках и пел нечто вроде колыбельной[3]. Я не знал ни одной приличной колыбельной и только бубнил гнусаво: «Баю-бай, ай-яй-яй, тру-лю-лю, бу-бу-бу…» И так всю ночь, от одного угла комнаты до другого и обратно. И когда загоралось окно в доме напротив, мне становилось теплее и бодрее и не так было страшно жить. Впрочем, недели через две свет перестал зажигаться, и я понял, что женщина и ребёнок уехали.

Я носил тебя по комнате до утра, до прихода энергичной медсестры, до укола, который я ждал и в который верил. За эти дни, по рекомендации друзей и знакомых, я приглашал платных детских врачей – разных, и тех, что за пятнадцать, и тех, что за двадцать пять. И ничего нового они не говорили.

Антибиотики. Домашний уход. Организм должен перебороть.

1 *сговорившись (сговориться)* verabredet
2 *втолковывать* beibringen, eintrichtern
3 *колыбельная (песня)* Wiegenlied

Одна соседская бабка посоветовала купать тебя в отваре череды[1], другая велела заваривать ромашку[2]. И я заваривал череду и заваривал ромашку. Заварил бы и чёрта лысого, лишь бы тебе полегчало[3]. А когда самое страшное миновало и я заметил, что в воде ты успокаиваешься, стал купать тебя три раза на дню, подолгу, подливая в ванночку тёплую воду.

Организм должен был перебороть. И он переборол. А иначе и быть не могло, ведь однажды ты уже выжил там, где погибала тысяча других. У тебя уже был опыт выживания, и кроме того, ты родился личностью.

Да, я выходил тебя, мужик. И позже врачи говорили, что я закалил тебя тем, что не пеленал. С тех пор ты лежал в кроватке голый, розовый, пухлый и совсем не мёрз. (А через год я спустил тебя на пол и ты неуверенно зашлёпал босыми ножками по паркету. Ведь ты и сейчас круглый год дома ходишь босиком, к ужасу всех подружек твоей матери…)

…Из больницы она вернулась через полтора месяца – тихая, слабая и словно пришибленная[4]. К тому времени ты уже выправился и окреп и из апоплексического старика гнома стал превращаться в ребёнка – рыженького, голубоглазого и сладкого.

Она вернулась днём, когда ты спал, откинув одну ручонку, а вторую потешно прижимая к груди.

Она остановилась на пороге твоей комнаты и долго стояла так, глядя на тебя как безумная, не решаясь подойти ближе. Стояла и тихо плакала, вздрагивая худой спиной. Потом отёрла ладонью слёзы и сказала не оборачиваясь:

---

1 *череда* Zweizahnkraut
2 *ромашка* Kamille
3 *полегчать (разг.)* Linderung verspüren
4 *пришибленный* niedergeschlagen

– Я в долгу перед тобой[1] на всю жизнь.

– Сочтёмся[2], – сухо ответил я. – Свои люди…

Вот тут-то, мужик, мне и надо было опять достать свой чемоданчик, ведь я выполнил долг порядочного[3] человека, я не дал тебе умереть. Тебе – чужому ребёнку. Да… Только вот то, что ты – чужой ребёнок, я понимал теперь умом, так сказать, умозрительно.

Но, ей-богу, в тот день, когда твоя мать вернулась из больницы, я ещё был настроен достать чемоданчик и валить отсюда на все четыре[4].

Да, говорил я себе, конечно, имеется налицо некоторая привязанность к малышу. Но ничего удивительного в этом нет. Когда в санатории месяц живёшь в одной комнате с хорошим человеком, тоже грустно расставаться. Ничего, доказывал я себе, уедется – забудется. Мало ли чужих детей на свете…

Но уехать я не мог. Видишь ли, мужик, сказал бы я ему, выяснилось, что твоя мать тебя боится. Она попросту не знала, с какой стороны к тебе подойти, и с почтительной опаской[5] наблюдала, как я привычно ловко переворачиваю тебя, кормлю. Когда она пыталась взять тебя на руки, ты орал и требовал меня.

Вообще, мужик, она была слаба, испугана, подавлена[6] тем, что совсем незнакома с тобой. Я не мог уехать в тот момент, я должен был помочь ей узнать тебя. И кроме того, не по-мужски мне казалось свалить на неё сразу всю эту огромную ношу[7] со стиркой пелёнок, го-

---

1 *я в долгу перед тобой* ich stehe in deiner Schuld
2 *сочтёмся* wir werden abrechnen
3 *порядочный* hier: anständig
4 *валить на все четыре (стороны) (разг.)* abhauen
5 *с опаской* mit Vorsicht, zaghaft
6 *подавленый* niedergeschlagen, deprimiert
7 *ноша* Last

товкой и прочей весёлой музыкой, какая сопутствует[1] выращиванию младенцев.

Я позвонил Кирилл Санычу и вымолил ещё неделю отпуска за свой счёт, а когда прошла и эта неделя, и вы с матерью стали потихоньку привыкать друг к другу, я вышел на работу. Но в первый день слонялся от одного кульмана[2] к другому, смолил сигареты и представлял, что ты в эту минуту поделываешь – спишь, гукаешь гортанным своим голоском или сосёшь из бутылочки, таращa[3] вокруг тёмно-голубые зеркальные глаза.

Вечером я торопился домой, уверяя себя, что спешу помочь твоей матери со стиркой пелёнок. Я лгал себе. Я торопился на встречу с тобой. Я начинал говорить с тобой уже на выходе из метро.

– Иду, иду, мой маленький, – бормотал я, – бегу… Вот уже по лестнице поднимаюсь… Уже ключи достаю…

…Когда тебе исполнилось два месяца, я сказал себе: хватит. Баста. Ты сделал всё, что от тебя требовалось. Не будь тряпкой. Всё равно ты не в силах простить ей ту проклятую нежность, ту извивающуюся ложь. Всё равно твои руки никогда не коснутся её плеч, её груди с привычной лаской. А посему – доставай чемоданчик и ощути наконец себя свободным человеком.

Так, мужик, я подбадривал[4] себя всё утро. Я принял душ, побрился и в последний раз перестирал в тазу накопившиеся за ночь грязные пелёнки. Что ж, подумал я, теперь ей предстоит всё это делать самой, как делают тысячи других женщин.

1 *сопутствовать* begleiten
2 *кульман* Zeichenbrett
3 *таращить глаза* anstarren, glotzen
4 *подбадривать* ermutigen

Я складывал в чемодан бельё и рубашки, ты спал, а твоя мать сидела в кресле спиной ко мне, напряжённо подняв плечи, словно ожидая удара сзади.

Она молчала. Она упорно и беззащитно молчала. А я не собирался затевать объяснение в день моего ухода. К чему объясняться, мужик, всё было ясно, и я давно переболел. Сейчас меня ничего не привязывало к этому дому. Ничего, кроме твоей кроватки.

Но и на неё мог в любой момент предъявить права[1] другой человек. Так что всё было ясно и просто, мужик, ясно и просто.

Когда я собрал чемодан, ты проснулся. И я зашёл в комнату – попрощаться с тобой и как-то перебороть тоскливый страх в груди.

Ты лежал в кроватке, ещё сонный, тёплый, и важно на меня таращился, словно собирался отчитать[2] за что-то. Я подложил под тебя сухую пелёнку, поймал и подержал в ладони брыкливую атласную пяточку[3], наклонился к тебе и прищёлкнул языком. И тут случилось невероятное: ты вдруг улыбнулся мне широкой, беззубой, потрясающей улыбкой. Ты впервые сознательно улыбнулся мне, именно мне, показал, что отныне из обслуживающего агрегата[4] я превратился для тебя в существо живое, важное и весьма тебе симпатичное.

Несмышлёныш[5], ты словно почувствовал, что я собираюсь бросить[6] тебя, и предъявил свой единственный могучий козырь[7].

1 *предъявить права* Rechte einfordern, Rechte geltend machen
2 *отчитать* hier: ausschimpfen
3 *пяточка* kleine Ferse
4 *обслуживающий (обслуживать) агрегат* Bedienungsapparat
5 *несмышлёныш* noch unverständiges Kind
6 *бросить* hier: verlassen
7 *козырь* Trumpf

Я рванул дверь и вышел в кухню. И там, чтобы не завыть смертным воем, я шарахнул[1] об пол три тарелки подряд – одну, и другую, и третью. Будь я проклят, сказал я себе, будь оно всё проклято, почему я должен уезжать от своего ребёнка?! И пусть мне кто-то посмеет[2] сказать, что это не мой ребёнок!

А чей же, чей?! Я переломаю кости тому, кто сунется сюда за моим сыном, сказал я себе, я прошибу[3] тому башку! И что-то не видать на горизонте того, кому бы, кроме меня, нужен был этот ребёнок!

Потом я вернулся в комнату, раскрыл чемодан и стал вешать в шкаф свои рубашки. А твоя мать всё так же молча сидела в кресле спиной ко мне, и спина эта о многом говорила…

А насчёт того, кого я не видел на горизонте… Так вот, мужик, оказывается, всё это время он был, понимаешь, был рядом с нами, бегал в больницу к твоей матери, мучился и страдал, но узнал я об этом позже, гораздо позже…»

… – Нонке-то? В сентябре будет одиннадцать. Она ничего, забавная. Глупая только очень. Любимое занятие – листать журналы мод под магнитофонные записи. Ни черта не читает, ни черта не знает, зато общественница[4]. Староста класса[5]. Но страшная балда! Представляешь, сказал я ему, недавно совершенно случайно вслушалась в программу «Время»*, а там как раз передавали насчёт этого случая с папой римским[6].

---

1 *шарахнуть (разг.)* knallen
2 *посметь* wagen
3 *прошибить* einschlagen
4 *общественница (разг.)* Aktivistin
5 *староста класса* Klassensprecherin
6 *папа римский* Papst

Нонка прибегает в кухню – глазища вытаращены, чёлка прыгает, и кричит родителям: «Вы здесь чай пьёте?! А там убили папу Римского-Корсакова!» Хохма, да?…

Похожа? На Виктора похожа, сказал я ему. Мамина подруга, эта восторженная бегемотиха Маргарита Семёновна, уверяет, что мы с Нонкой «уж-жжасно похожи». Глупая баба, как мы можем быть похожи, когда Нонка – в своего отца, а я – в своего. Правда, па?

По-моему, все женщины, даже самые умные, ужасные дуры, ты не находишь? Почему негативизм? Просто я наблюдательный. Нет, они ничего не сделали мне плохого, но, думаю, всё ещё впереди. Ты встречал хоть раз мужика, сказал я ему, которому женщины не сделали бы в жизни ничего плохого?

…Да ни в кого я не влюблён, отстань, чего ты привязался! Это в меня влюблена одна… Ну есть одна, сказал я ему, из параллельного класса. Только мы поссорились перед отъездом, так что я считаю себя морально свободным…

А чего ты улыбаешься? Нет, я видел, ты улыбнулся! Да нет, правда, я совсем не переживаю, сказал я ему, только ведь всё равно неприятно, когда тебя продают… А, неохота рассказывать… Ладно, я расскажу, только, пожалуйста… ну, ты сам понимаешь…

Понимаешь, сказал я ему, застукал[1] её с Романюком. Есть такой любимец женщин из 10-го «Б». Спортсмен-бодрячок[2]… Они из подъезда выходили, между прочим, совершенно постороннего подъезда. Вдвоём. Спрашивается – что люди делают вдвоём в чужом подъезде? Конечно, целуются…

---

1 *застукать (разг.)* erwischen, ertappen
2 *бодрячок (разг.)* fitter Typ

А лично я, па, не потерплю предательства. Никогда и ни от кого. Это я решил твёрдо… Она знаешь как рыдала! А я показал себя настоящим мужиком. Я был холоден и вежлив, насмешливо вежлив. Она меня слезами орошала[1], а я сказал, что сожалею, очень сожалею, что доставил столько огорчений, и понимаю впечатлительную натуру, которая отдаёт предпочтение великолепным бицепсам Романюка. Тем более, сказал я язвительно, что самый могучий, самый чугунный[2] бицепс у Романюка находится там, где у других людей помещается мозг… Неплохо, да, па? Клянусь, это была импровизация. Почти…

Кстати, деликатный вопрос: какая дама будет освящать[3] наш быт в это лето? Нет, правда, если таковая имеется, то как мне её звать – по имени-отчеству или как прежде, ну там – тётя Валя, тётя Наташа, тётя Оля?..

Почему не будет? Если ты думаешь, что я отнесусь к этому как-то не так, что я уже вырос и всё такое, то ты ошибаешься. Нет, правда, я человек широкий, па, сказал я ему. При мне чувствуй себя свободно… В конце концов, это твоё личное дело. Я даже не буду против, если ты вдруг соберёшься жениться. Правда, правда, я отнесусь к этому вполне лояльно, сказал я ему… Не можешь ведь ты всю жизнь быть один.

Семейная жизнь, конечно, на мой взгляд, штука паршивая, но, как говорит наша соседка, надо иметь с кем под старость выпить стакан чаю…

Вот я наблюдаю за своими: знаешь, бывает, за день насобачатся[4], особенно если оба в плохом настроении.

---

1 *орошать* benetzen, bewässern
2 *чугунный* gusseisern
3 *освящать* weihen
4 *насобачиться (разг.)* sich ankläffen, streiten

Послушаешь, так и она ему жизнь испортила, и он ей что-то там поломал, а вечером, глянь – она ему валидольчик* тащит, а он ей пластырь куда-нибудь лепит. Идиллия!.. Так что смотри, па, если тянет на такую бодягу – валяй[1] женись. А я, например, никогда не женюсь.

Правда-правда, чего ты улыбаешься?

Ты поглядывай всё же на дорогу, а… Что-то раньше ты так не лихачил[2].

Кстати, не кажется ли тебе, что пора этот убогий «Запорожец»* поменять на более пристойную тележку? Ну, на «Жигули»*, например, или даже на «Волгу»*.

Как – где взять? Ой, не прибедняйся. Изобрети какой-нибудь перпетуум-мобиле, тебе это раз плюнуть[3], получишь премию в десять тыщ, и… Не иронизируй, при чём здесь «Мерседес»? Ошибаешься, я патриот отечественного автомобилизма…

Вот покупаешь, значит, «Волгу», а «Запорожец», чтоб не жалко было выбрасывать, отдаёшь мне. Я, так уж и быть, приму эту рухлядь[4]. Ха! Шучу.

Чихал я на всё блага вашей человеческой цивилизации. Что? Да… Да, сказал я ему, абсолютно всё равно. Что есть, что носить, где жить и на чём ездить. А главное – всё равно, что про меня подумают.

Вот взять хотя бы эту двойную фамилию. Знаешь, как наши дубари[5] в классе ржали[6]?.. Интересная штука: у нас есть девочка по фамилии Свинарь и па-

1 *валять* nur zu
2 *лихачить (разг.)* rasen, draufgängerisch fahren
3 *раз плюнуть (разг.)* ganz leicht
4 *рухлядь (разг.)* Gerümpel, Plunder
5 *дубарь (разг.)* Dummkopf
6 *ржать* hier: laut lachen

рень по фамилии Покойный[1] – и хоть бы что! Никакого эффекта. А моя – через чёрточку – привела их в дикий восторг и вызвала взрыв их убогой мозговой деятельности…

Да нет, я не всех презираю, сказал я ему, просто учусь с ними с первого класса, знаю всех как облупленных[2], и все они осточертели[3] мне до чёртиков.

Это как в нормальной семье, – любовь любовью, а грызня[4] грызней. Потому что люди надоедают друг другу очень быстро, ты не находишь?..

Кстати, о семье: история с моей двойной фамилией потрясла основы нашей милой семейки… А? Да чёрт их знает почему. Во всяком случае, изрядная нервозность наблюдалась, сказал я ему.

Ты же знаешь, мать вообще особа[5] нервная, а тут, месяца за два до моего шестнадцатилетия, стала прощупывать почву[6] насчёт этого… ну, чью, мол, фамилию я возьму. Нет-нет да осторожно так потрогает эту опасную тему. Как больной зуб раскачивает…

Почему опасную? Знаешь, сказал я ему, не хотел тебе говорить, но ведь мать давно осторожненько мне намекала, что, мол, Виктор меня воспитывает, да, мол, прекрасно ко мне относится, что некоторые люди, мол, берут двойную фамилию, ну и… прочая бодяга[7]…

Да нет, ты не подумай, сказал я ему, не свинья же я, и Виктору вполне благодарен за то, что все эти годы

---

1 *покойный* Verstorbener
2 *знать как облупленного (разг.)* in und auswendig kennen
3 *осточертеть (разг.)* zum Hals heraushängen
4 *грызня (разг.)* Streit, Zank
5 *особа* hier: Person, Wesen
6 *прощупывать почву (разг.)* vorfühlen, die Fühler ausstrecken
7 *бодяга (разг.)* Geschwätz

он не лез в душу, не качал права[1] и вообще оказался очень приличным мужиком. Могло ведь и хуже быть. Но… при чём тут мой паспорт и моя фамилия? Нет, правда, мне не жалко, но не могу же я приписать себе фамилии всех хороших знакомых, верно, па? У меня есть собственный отец и собственная фамилия, и, ей-богу[2], и тот и другая меня вполне устраивают[3]…

Я матери так и сказал, когда она допекла[4] меня этими намёками. И надо было видеть, что тут началось! Слёзы, капли Вотчала* щупанье пульса – она специалист по части[5] истерик.

Ладно, думаю, я вам устрою[6] двойную фамилию! Пошёл и устроил. Приношу домой паспорт, показываю, и тут начинается второй акт трагикомедии, на сей раз в главной роли – кто бы ты думал? Виктор! Вот уж не подозревал, что ему есть дело до того, чью фамилию я буду носить – твою или его. Он заперся[7] в ванной и сидел там полдня. Надо было видеть эту картинку: мать прыгала у дверей ванной, как квохчущая курица: «Витя! Витя!» – а оттуда шаляпинское* такое рычание: «Я брре-эюсь[8]!»

Умора… Что ты на меня так глядишь?.. Да нет, просто лицо у тебя какое-то странное, сказал я ему… И смотри ты на дорогу, бога ради, охота[9] живым до дома добраться…

---

1 *качать права (разг.)* auf sein Recht pochen
2 *ей-богу* bei Gott, wahrlich
3 *устраивать* hier: passen, recht sein
4 *допечь (разг.)* die Hölle heiß machen
5 *по части* hier: auf dem Gebiet
6 *устроить (разг.)* hier: besorgen, veranstalten
7 *запереться* sich einschließen
8 *брре-эюсь = бреюсь (бриться)*
9 *охота (разг.)* hier: ich habe Lust

«…Так вот, мужик, насчёт того, кого я не видел на горизонте. Первый раз он появился в день, когда тебе исполнилось три года. К этому времени я напрочь забыл, что ты не моя кровинка[1]. То есть не то чтобы забыл… Очень редко эта бесстрастная, обесцвеченная временем мысль всплывала, как совершенно посторонняя информация. Как, скажем, сообщение о встрече глав двух европейских государств или о строительстве атомной станции где-то в Швеции – нечто безусловно существующее, но не имеющее к нам с тобой ни малейшего отношения. Я любил всюду таскать тебя с собой – по магазинам, на работу, в поликлинику. Ты был общительным, забавным мальчуганом и мгновенно заводил знакомства со всяким, кто обращал на тебя внимание.

И обязательно в очереди находилась детолюбивая бабка, подпавшая под твоё обаяние.

– Сразу видать – папин сын, – благосклонно замечала она, когда ты с размаху влетал в мои колени.

– А что – похож? – спрашивал я, с горделивой небрежностью вороша[2] твои пушистые волосы.

– Вылитый[3], – убежденно отвечала она. И в моём сердце, на донышке[4], в глубине, её слова отзывались тихой и сладкой болью…

В день, когда тебе исполнилось три года, мы до изнеможения кутили в детском парке, и все аттракционы работали на нас. А на обратном пути заехали на птичий рынок* купили Главный Подарок в литровой банке: двух жемчужно-серых гурами, двух кардиналов и парочку радужнохвостых гуппи.

1 *кровинка* (Fleisch und) Blut
2 *вороша (ворошить)* zerzausend
3 *вылитый* hier: wie aus dem Gesicht geschnitten
4 *донышко (от слова дно)* Grund, Boden

Тебе давно пора уже было спать, ты устал от длинного, утомительно-весёлого дня рождения и плёлся за мною, похныкивая от усталости и перевозбуждения. Когда мы завернули в наш двор, я остановился, чтобы взять тебя на руки, и в этот момент на лавочке возле песочницы увидел человека, чем-то мне знакомого. Я скользнул[1] по нему взглядом и отвёл глаза, но в следующую секунду память вдруг огрела[2] меня жгучей оплеухой[3], и я вспомнил всё: давний день рождения, и Тарусевичей, и незнакомую чету[4], случайно пришедшую на огонёк.

Словом, это был твой отец. И он смотрел на тебя не отрывая глаз.

Уж не знаю как, должно быть, ладони вспотели, – банка выскользнула у меня из рук и грохнулась[5] об асфальт.

Они бились в лужице – жемчужно-серые гурами, красавцы кардиналы и парочка радужнохвостых гуппи, ты потрясённо[6] смотрел на их предсмертные прыжки и вдруг заревел – густым протяжным басом. Вот тогда, мужик, у тебя был бас. Тогда, а не сейчас. Сейчас всё-таки баритон…

Я подхватил тебя на руки и пошёл, плечами заслоняя от взгляда человека на лавочке. И хоть для этого, мужик, у меня были достаточно широкие плечи, всё равно я чувствовал себя серым гурами, бьющимся об асфальт в предсмертном ужасе. Когда мы пришли домой и ты наконец был успокоен, накормлен и уло-

1 *скользнуть* hier: streifen
2 *огреть (разг.)* einen Schlag versetzen
3 *оплеуха* Ohrfeige
4 *чета* Ehepaar
5 *грохнуться (разг.)* hinunterknallen
6 *потрясённый* erschüttert

жен, я вошёл в комнату твоей матери и бесцветным, ровным голосом сказал, чтоб предупредили кого следует: если ещё раз увижу в нашем дворе… и не в нашем тоже… если увижу вообще, даже случайно, на другом конце города, – словом, всё, что обычно говорят люди в бесправном и беспомощном положении вроде моего…

С того дня я постоянно чувствовал себя зверем, обложенным[1] охотником. И при мысли об этом меня дрожью прошибала ярость зверя, у которого отнимают детёныша. Тогда я не знал ещё, что отец твой вовсе не охотник, а тот же зверь, обложенный, как и я, азартной судьбою.

Второй раз она сшибла нас на даче.

В то сырое сумрачное лето тебе исполнилось пять, ты скучал без дворовых приятелей и с самого утра, едва становилось очевидным, что и сегодня погода не задалась, сидел на веранде, вяло выкладывал из кубиков бастионы и ждал моего приезда из города.

Унылое лето я расцвечивал для тебя бесконечными историями про лесника Михеича и его верных зверушек.

Этот Михеич выходил у меня помесью лихого ковбоя с дедом Мазаем* а каждая очередная история напоминала походный суп[2], в который бросают всё, что есть под рукою, – тушёнку[3], рыбные консервы, колбасу, макароны. Но ты поглощал это варево[4] с неизменным восторгом.

Очень скоро Михеич мне осточертел, но вечером, едва я переступал порог террасы, ты бросался ко мне

1 *обложенный* hier: umzingelt
2 *походный суп* hier: Eintopf
3 *тушёнка (тушёное мясо) (разг.)* Schmorfleisch
4 *варево* Brühe

с радостным воплем, предвкушая[1] очередную порцию похождений. После ужина я укладывал тебя на квадратную, с цветастыми занавесками кровать, заваливался рядом, измочаленный[2] после рабочего дня, магазинов, очередей, электричек, ненавидя Михеича и его зверюшек и вяло соображая, куда бы ещё послать героя и зачем.

В этом придуманном мною лесу кроме добродетельного[3] ковбоя Михеича и его смекалистой[4] внучки Мани действовала ещё разная коммунальная сволочь[5] – лешие, ведьмы[6], водяные*, домовые*, а также представители животного мира всех широт, от белого медведя до крокодила.

Сейчас уже не помню, какие именно перипетии выпадали на долю героев, но недели через две я выдохся[7] и каждый день клянчил[8] у сослуживцев какой-нибудь свежий сюжетик на вечер для Михеича. В то воскресенье, когда ты немилосердно рано разбудил меня, хлопая ладошкой по носу, по губам, по закрытым векам и повторяя: «Папа, я встал, папа, я проснулся, открой глаза, скорей, на окнах капнушки просохли», – в то воскресенье впервые за много дней показалось солнце. И к полудню оно жадно слизало влагу с кустов и трав, просушило ступеньки крыльца[9] и выкатилось на ребристые крыши дач.

---

1 *предвкушать* Vorfreude empfinden
2 *измочаленный (разг.)* erschöpft
3 *добродетельный* tugendhaft
4 *смекалистый* findig, schnell von Begriff
5 *сволочь (жарг.)* die Gang
6 *ведьма* Hexe
7 *выдохнуться (разг.)* fix und fertig sein, erschöpft sein
8 *клянчить (разг.)* betteln
9 *крыльцо* überdachte Außentreppe

Мы пошли гулять и на радостях долго бродили с тобою, забрели на соседнюю станцию, вышли к рынку и купили у опрятной бабки два больших солёных огурца. Домой вернулись голодные, намаявшиеся[1] и очень довольные жизнью.

Твоя мать накормила нас обедом и ушла на станцию* за продуктами, а мы с тобой завалились спать, предварительно, конечно, обсудив небольшое ограбление[2] лесной избушки коварной, но довольно симпатичной бабой-ягою*.

– Знаешь, какое моё самое любимое счастье? – пробормотал ты, уже осоловев[3]. – Спать, гулять и кушать…

Наконец ты уснул, а я лежал рядом, привалясь щекою к твоему русому пушистому затылку, смотрел в окно и думал – сейчас не помню, конечно, о чём. Сквозь дрёму[4] я услышал, как скрипнула калитка, прошелестели по траве чьи-то шаги. Не знаю, каким чутьём, каким звериным чутьём я почуял неладное[5], но вдруг открыл глаза и резко повернул голову к окну. Там, приблизив к стеклу лицо и соорудив из ладоней козырёк, с жадной тоской вглядывался в комнату твой отец. Две-три секунды, оцепенев, мы глядели друг на друга. Кровь бухнула в мои виски, подбросила меня, швырнула к двери, я шибанул[6] её кулаком и вылетел во двор.

Твой отец убегал по тропинке к калитке. Я бросился за ним – догнать…

1 *намаяться (разг.)* sich abplagen, sich quälen
2 *ограбление* Raubüberfall
3 *осоловев (осоловеть) (разг.)* ermattet, dösig
4 *дрёма* Dämmerschlaf, Schlummer
5 *почуять неладное (разг.)* spüren, dass etwas nicht in Ordnung ist
6 *шибануть (разг.)* schlagen

Избить? Убить? Не знаю, не догнал, слава богу. Он удивительно быстро бежал для своей довольно внушительной комплекции[1]. Впереди мелькали мокрые пятна на рубашке, багровая от напряжения блестящая лысина. Выбежав на главную улицу дачного посёлка, я столкнулся с нашей соседкой, и обалделое[2] выражение её лица меня остановило. Я вдруг увидел со стороны, что в трусах и майке мчусь[3] по улице за лысым дядькой.

Я остановился, свернул в переулок и там, под забором чьей-то зелёной весёленькой дачки, долго сидел в траве, опоминаясь[4].

Тоска и страх стояли по обе руки[5] от меня, тоска и страх… Надо было догнать его, сказал я себе, догнать и вытрясти его жалкую душонку. Чтобы неповадно было шляться[6] крадучись по чужим дачам, высматривать чужих сыновей. Тоска и страх с обеих сторон вкрадчиво взяли меня под руки[7] и повели по переулочку к нашей даче. Но было ещё одно чувство, которое сверлило мою душу, о которое я спотыкался, как о сухую корягу. И я вдруг понял, что это – жалость. К покрасневшей от напряжения лысине, к мешковатой, нелепой в беге фигуре.

Дерьмо[8], сказал я себе, это ты здесь чужой, а он пришёл взглянуть хоть одним глазком на свою женщину и своего ребёнка. Это ты здесь – дутый[9] хозяин положения, на самом-то деле ничего тебе здесь не принад-

1 *комплекция* Körperbau
2 *обалделый (разг.)* verdattert
3 *мчаться* rennen, rasen
4 *опоминаясь (опоминаться)* langsam zu sich kommend
5 *по обе руки* beidseitig
6 *шляться (разг.)* sich herumtreiben
7 *взять под руки* sich bei jmdm. einhaken
8 *дерьмо (разг.)* Scheiße
9 *дутый (разг.)* hier: hohl, falsch

лежит. Всё у тебя – понарошку[1], как у липового[2] ковбоя Михеича. Липовая жена, липовый сын…

Господи, что происходит с нашей жизнью? Кто поставил её с ног на голову и зачем, хотел бы я знать…

На террасе тихо возилась с посудой твоя мать. Боясь взглянуть на неё, я прошёл в комнату и прилёг рядом с тобою. Сердце моё так колотилось[3], что я отодвинулся, боясь тебя разбудить. Вот тогда явилась и тяжко придавила грудь мысль, которую все эти годы я трусливо гнал от себя. Это конец, подумал я.

Ещё день, неделя, месяц – когда-нибудь нам придётся с тобою расстаться. Так оно и случилось.

Безотрадное[4] лето перетекло в свинцовую тяжесть осени. Мы перебрались в город, и вскоре, в один из таких дождливых, неуловимо[5] прощальных вечеров, произошло наконец наше единственное объяснение с твоей матерью…

Ты давно уже спал, а я сидел за работой в соседней комнате и смолил одну сигарету за другой, потому что ничего у меня в тот вечер не клеилось[6], как и вообще в ту осень. Настроение было тяжёлым, я словно ждал какого-то несчастья.

Поэтому, когда твоя мать постучала и вошла в комнату, моё сердце стукнуло дробно и тяжко, как дробил подоконники осенний дождь.

Я сидел, не оборачиваясь, как сидела она в тот день, когда я собирался покинуть этот дом. По тому, как тихо, словно приготавливая меня, она вошла, я всё по-

1 *понарошку (разг.)* so als ob
2 *липовый (разг.)* falsch
3 *колотиться* schlagen, klopfen, pochen
4 *безотрадный* freudlos
5 *неуловимый* unmerklich
6 *клеиться (разг.)* klappen

нял. Я всё понял, мужик, и, ей-богу, не стоило даже начинать этот бесполезный разговор. Но твоя мать начала его.

Наконец-то, сказала она, обстоятельства расставили всё по местам. Обстоятельства распорядились так, что наше невыносимое мучительное сосуществование[1] должно прекратиться.

Она говорила тусклым голосом, тихо и устало. Звук этого голоса мягко толкался в мою спину и соскальзывал[2] на пол.

Я жду второго ребёнка, сказала она, Виктора приглашают в новосибирское издательство, дают квартиру, пока двухкомнатную, и послезавтра мы едем. Билеты уже взяты.

Послезавтра, подумал я, послезавтра…

Развод, сказала она, оформлю там, ты только пришлёшь бумагу с подписью. Разведут нас быстро, ведь я жду ребёнка. Ты не беспокойся ни о чём, тебя это не затронет[3].

Меня это не затронет, подумал я.

И вот ещё что, сказала она таким же серым, уставшим голосом, не бойся, Филипп для всех останется твоим сыном. Твоя фамилия, твоё отчество. Я могу даже отправлять его к тебе на лето. Не нужно травмировать ребёнка, он любит тебя, считает отцом, пусть будет так, я решила… Виктор согласен, он на всё согласен, только чтобы мы скорее уехали, и весь этот кошмар остался позади…

Ах, он согласен, сказал я не оборачиваясь и яростно сгибая пальцами транспортир[4], подвернувшийся мне

---

1 *сосуществование* Koexistenz
2 *соскальзывать* hinabgleiten
3 *затронуть* berühren, tangieren
4 *транспортир* Winkelmesser

на столе, ну что ж, он очень добр ко мне. А где был этот добряк[1] пять лет назад, когда его двухнедельный сын умирал на моих руках, поинтересовался я. И чтобы говорить спокойно, я, мужик, прилагал дьявольские усилия, потому что это «послезавтра» долбило меня в висок и заколачивало гвозди в моё горло.

Ты несправедлив, потому что ничего не знаешь, возразила она. Виктор очень страдал, он хотел забрать ребёнка в тот же день, когда меня увезли в больницу, но я не позволила: он жил в плохих условиях, снимал где-то комнату… Я запретила ему появляться в нашей жизни…

Ах, вот как, понимаю, я был более подходящей кандидатурой на роль отца в связи с лучшими квартирными условиями, вежливо заметил я, ну а дальше, а потом, когда ты вышла из больницы?

А когда я вышла из больницы, сказала она тихо, я увидела, как ты привязался к мальчику, и боялась тебя ранить.

Я засмеялся, мужик, я зло рассмеялся, потому что залюбовался[2] этим чисто женским завитком: убивая человека, она боялась его ранить.

Я по-прежнему не оборачивался к ней, я боялся обернуться, чтобы не убить её. Чтобы не схватить, не сжать обеими руками эту жалкую худую шею; как я был близок, мужик, к тому, чтобы убить твою мать!

Мразь[3], думал я, дрянная шлюха[4], выбирающая, где лучше, все эти годы она спала с ним, а я воспитывал их сына, я любил его, я люблю его больше жизни, о господи, она выкрутила мне руки этой любовью, я

1 *добряк (разг.)* gutmütiger Mensch
2 *залюбоваться* sich weiden, bewundern
3 *мразь (вульг.)* Dreckstück
4 *шлюха (вульг.)* Nutte

бессилен, я тряпка… И всё это время в висок меня долбило пронзительное «послезавтра».

А ты спал за стеною, ты спал в полной уверенности, что наша с тобою прекрасная жизнь не кончится никогда, как никогда не кончаются небо, воздух, деревья… Наша с тобой жизнь должна была кончиться послезавтра. Я вспомнил красную от напряжения лысину твоего отца, его мешковатую фигуру… «Я запретила ему появляться», «Виктор согласен, он на всё согласен…» И впервые подумал о нём: бедняга… Наконец я обернулся к ней.

Глупая, жестокая баба, сказал я негромко, что же ты натворила со мной и с ним, что ты наделала с двумя мужиками! И тогда она вскочила и затряслась. Она закричала. Она кричала шёпотом, глядя на меня сквозными[1] от ненависти глазами, давясь слезами и исступлённой[2] яростью.

Нет, крикнула она, это ты, ты во всём виноват, ты всё это сделал своими руками! Ты оттолкнул меня, отпихнул брезгливо[3] ногой, как провинившуюся[4] собаку! О, ты-то чистый, возвышенный, принципиальный, ты стерильный, как хирургическая салфетка! Будь ты проклят со своими благородными принципами, ты растоптал меня! Все эти пять лет каждую минуту ты давал мне понять, что я – низкая, подлая тварь[5] и недостойна быть ни твоей женой, ни матерью Филиппа.

Я не забуду, я никогда не забуду, как все эти пять лет ты оттирал[6] меня от моего мальчика – взглядом, веж-

---

1 *сквозной* durchdringend
2 *исступлённый* rasend
3 *брезгливый* angewidert, voller Ekel
4 *провинившийся (провиниться)* sich als schuldig erweisen
5 *тварь (вульг.)* Kreatur
6 *оттирать* hier: wegdrängen

ливо-соседским, голосом, вежливо-презрительным. Подразумевалось, что ты для него важнее в сто раз, чем я, что без тебя он жить не может. Ты настойчиво, упорно отнимал у меня сына! Он обожает тебя, копирует твои жесты, твою походку. Ты делал всё, чтобы мне страшно было уйти, чтобы я боялась оторвать его от тебя!..

…Да, я оступилась[1], сказала она надрывно, это было, да, единственный раз я изменила[2] тебе – глупо, нелепо, как это бывает в поездке. И сразу возненавидела его, этого случайного знакомого, а главное – возненавидела себя, потому что любила тебя, только тебя всю жизнь.

А он прилип ко мне как тянучка*, ни на шаг не отходил и, когда вернулись в Москву, каждый день являлся ко мне на работу. Отцепиться[3] от него было невозможно!

Она говорила быстро, сбивчиво, плача и мерцая в полутьме глянцево-потным лбом, а я думал только: послезавтра, послезавтра…

Что ты знаешь, сказала она, какой смертельный ужас я испытала, когда поняла, что беременна. Я заметалась по врачам, у меня и в мыслях не было рожать от этой дорожной связи, потому что все эти годы я любила тебя и мечтала о ребёнке, твоём ребёнке…

Но все врачи в один голос[4] говорили, что мне неслыханно повезло, что случай один из тысячи, и если я упущу[5] этот шанс, то на другой уже могу не надеяться…

1 *оступиться* stolpern, straucheln, einen Fehltritt begehen
2 *изменить* hier: betrügen
3 *отцепиться (разг.)* hier: sich loslösen, loswerden
4 *в один голос* einstimmig
5 *упустить* verpassen

Она плакала, но продолжала говорить – торопливо, жалко, словно боялась, что я прерву, не дам досказать, доплакать, довыть её боли…

Я ненавидела свой живот, сказала она, и того, кто там завёлся[1]. Я даже не представляла его своим ребёнком, мне казалось, я ношу в себе коварного[2] хитрого зверька, пожирающего мою душу и нервы. Я никогда не лгала тебе и тут собиралась всё рассказать, рассказать беспощадно[3] всё, по порядку, зная, что потеряю тебя навсегда. Но едва я начала этот разговор, едва проговорила, что жду ребёнка… Нет, сколько живу, я буду помнить твои глаза в этот миг и приоткрытые по-детски губы. Ты был оглушён счастьем, и у меня не повернулся язык, понимаешь, просто не повернулся язык… И тогда меня словно озарило[4]. Я поняла, что должна забыть всё, вырвать из памяти ту поездку, должна внушить себе, что это твой, твой ребёнок! И мне это удалось. Почти… Я прогнала Виктора, запретила ему появляться. Но каждый день он приходил к проходной[5] института и на расстоянии шёл за мною до дома. Больше всего на свете я боялась, что ты узнаешь обо всём. Разве ты сможешь понять, сказала она, как рвалась моя душа надвое в те месяцы, какие кошмары снились мне по ночам, как часто я желала смерти этому ребёнку. Но он не умер, он рос, он рос во мне, он хотел родиться и жить. Что ты знаешь, сказала она, когда мне принесли его в первый раз и я увидела, что мальчик – вылитый Виктор и всю жизнь будет маячить передо мною этим чужим, случайным, не

1 *завестись* hier: entstehen, sich einnisten
2 *коварный* heimtückisch
3 *беспощадный* schonungslos
4 *озарить* erleuchten
5 *проходная* Empfang, Pförtnerloge

твоим лицом, я захотела умереть сама, господи, как я захотела подохнуть! Разве ты поймёшь когда-нибудь, какую тоску, какой ужас испытывала я, молча воя по ночам в казённую подушку, там, в палате[1], среди чужих женщин! А потом, когда я увидела твоё лицо и поняла, что ты всё знаешь, – вот тогда начался настоящий ужас в моей жизни.

Да, ты не ушёл, сказала она, но ты и не остался, и это было страшнее всего – ты казнил меня все эти пять лет каждый день. Каждый божий день я ждала, что ты уйдёшь. Сначала я на что-то надеялась. Мне казалось, что если ты так любишь мальчика, то когда-нибудь поймёшь и простишь меня, его мать, поймёшь и простишь.

Каждую ночь я лежала вытянувшись[2], с обмирающим[3] сердцем прислушивалась к твоим шагам в коридоре и ждала, что вот сегодня ты наконец войдёшь и я брошусь[4] к тебе, вцеплюсь в твои колени и буду выть, выть и ползать, пока ты не простишь меня, и тогда всё у нас опять будет хорошо.

Нет! Твои шаги неизменно проходили мимо двери, а днём ты стучал, прежде чем войти. Ты вежливо стучал. О, ты воспитанный человек, дорогой мой, продолжала она. Пять лет наша квартира была коммуналкой*. А я всё равно ждала. И гнала Виктора прочь. Я гнала его, постылого[5], четыре года, пока ещё на что-то надеялась. Потом я сдалась. Да, крикнула она, да, я слабая, я не могу быть одна! Ты сильный, ты гордый,

---

1 *палата* Krankenhauszimmer
2 *вытянувшись (вытянуться)* ausgestreckt
3 *обмирать* erstarren
4 *броситься* sich werfen, sich stürzen
5 *постылый* verhasst

ты благородный, не человек, а лезвие ножа[1]. Пять лет ты убивал меня ежедневно, а я хотела жить! Понимаешь, я хотела жить потому, что люблю жизнь!

Мне тяжко уезжать, сказала она, я не люблю его, но рядом с ним я чувствую себя женщиной, а не паршивой собакой. Поэтому я уеду и увезу Филиппа. Камень, пусть тебе будет больно! Может, когда-нибудь ты поймёшь, чего мне стоили эти пять лет…

Я не сказал ей ни слова на это, и она умолкла. Мы сидели в полумраке[2] комнаты, в разных углах, каждый со своей бедой, и каждый, должно быть, чувствовал, что, проговори он ещё неделю, другой его не поймёт всё равно, не захочет понять. Я говорил себе: ну что ж, ведь бывает так, что, вырастая, дети уезжают и живут в других городах. Будем считать, что ты слишком быстро вырос, слишком быстро уехал от меня. Будем так считать…

Когда она поднялась, чтобы выйти, я спросил, не поворачивая головы:

– Значит, я могу надеяться…

– Даю тебе слово, – сказала она твёрдо, – мальчик ничего не узнаёт. Я расскажу ему потом, когда из вас двоих кто-то умрёт.

В ту минуту, мужик, эти слова покоробили[3] меня холодной уверенностью в том, что кого-то из нас она похоронит[4]. Ну что ж, подумал я, в таком случае неплохо было бы первым попасть туда мне…

…Через день ты уехал. Даже проводить тебя мне не разрешили: нашу с Виктором встречу в аэропорту твоя мать считала излишней.

---

1 *лезвие ножа* Messerklinge
2 *полумрак* Halbdunkel
3 *покоробить* unangenehm berühren
4 *похоронить* begraben, beerdigen

Я в последний раз одевал тебя в прихожей – пальтишко, меховую шапку, ботинки, а ты пузырил[1] щёки и громко изображал губами, как они лопаются[2]. Ты не знал, что уезжаешь навсегда, для тебя наспех слепили какую-то версию с поездкой на неделю к маминой тёте.

Я никак не мог завязать тесёмки[3] твоей шапки, не потому, что отвратительно подрагивали[4] руки, а потому, что ты, как всегда, ни секунды не стоял на месте.

– Постой спокойно, сынок, – срывающимся шёпотом велел я. Тогда мне казалось странным и даже обидным, что ты ничего не чувствуешь. Смешно – ведь тебе исполнилось всего пять лет…

Наконец шапка была завязана, ты поднял голову и снизу вверх посмотрел на меня, внимательно и лукаво.

– Папа, а ты умеешь из кишков загонять в щёки воздух? – спросил ты серьёзно.

Я схватил тебя в охапку[5], зарылся лицом в бурую ласковую овчину шапки и воротника, и прошло несколько мгновений, прежде чем я взял себя в руки. Твоя мать стояла с чемоданом в дверях, бледная, с истерзанным[6] лицом. И когда во дворе я усаживал вас в такси, она вдруг расплакалась и подалась[7] ко мне – наверное, обнять, попрощаться по-человечески…

Я не шагнул навстречу и потом, глядя вслед выезжающей со двора машине, подумал, что, вероятно, она

1 *пузырить* aufblasen
2 *лопаться* platzen
3 *тесёмка* Schnur
4 *подрагивать* zucken, erzittern
5 *схватить в охапку* mit den Armen umschließen
6 *истерзанный* gequält, zermartert
7 *податься* hier: vorrücken

права: я – камень, и нет мне оправдания, если все мы несчастны…

…Ну вот, мужик, сказал бы я ему, такие финики[1]… Так что извини, дружище, ни седой гривы, ни американской моей подтянутости[2] ты не унаследуешь[3]. Готовься к брюшку и лысине своего отца, сказал бы я ему, и слова «своего отца», наверное, обожгли бы моё нёбо[4]…

Нет. Нет! Нет! Никто и никогда не вырвет из меня этих слов! Никто и никогда не заставит меня рассказать ему правду! Я зубами буду держаться за мою многолетнюю ложь.

Что?! Какой Виктор?! – скажу я ему. Что за чушь[5] пришла тебе в голову! Посмотри в зеркало, сынок, скажу я ему, ты же похож на меня до смешного – нос, глаза, брови, дурацкая привычка сдувать со лба волосы… Да о чём говорить?! Что за глупые шутки, скажу я ему, ты же толковый мужик и понимаешь, зачем они состряпали[6] эту версию! Да-да, именно так! И кто осудит меня за это? Им не удастся отнять его во второй раз. Я буду стоять на своём[7] до конца, и моя праведная ложь перешибёт[8] их гнилую правду!

…Я держу руль напряжёнными ладонями и поминутно взглядываю на его профиль. Перед отъездом мальчик подстригся, и мне забавно видеть, как, по привычке вытягивая губы, он продолжает сдувать со лба несуществующий чуб.

1 *такие финики (разг.)* so ist das
2 *подтянутость* Fitness
3 *унаследовать* erben
4 *нёбо* Gaumen
5 *чушь* Unsinn
6 *состряпать (разг.)* fabrizieren
7 *стоять на своём* beharren, bestehen
8 *перешибить* zerschlagen

Я счастлив… Он со мной, со мной, я вытащил его, мы будем вместе целое лето. Сначала махнём в Карелию*, на озёра. Потом, как всегда, – в Коктебель*. Потом… видно будет, сообразим что-нибудь…

А через год я вытяну его в Москву, поступать в столичный вуз. Что бы он там ни вякал, мой щенок, поступать он будет и поступит, куда наметим. Я пущу в ход все свои связи[1]. Слава богу, друзей у меня достаточно. Он останется со мной, он должен остаться со мной, ведь, кроме него, у меня нет никого на свете…

Я счастлив… Ладно, говорю я себе, бог с нею, двойной фамилией. В конце концов, мать дала ему жизнь и обожает его, отчего бы её фамилии не стоять в его паспорте…

Ты совсем спятил[2], старый осёл, говорю я себе, решил узурпировать[3] мальчика, а он взрослый уже, имеет право выбирать собственный образ мыслей и, ей-богу, вполне имеет право быть сейчас глупым щенком… Ладно, говорю я себе, пусть так… И Мусин-Пушкин, и Голенищев-Кутузов, и кто там ещё из прошлых столетий… Ладно. Не в этом дело. Я смотрю на дорогу и слышу свой голос – размеренный, нудный. Тебе следует помягче быть с мамой, говорю я, мама замечательный человек, просто она нездорова и много чего в жизни перенесла… И Виктор прекрасный человек, говорю я, умница, трудяга[4], его последняя книга о русской иконе XIV века удивительна…

И всю дорогу на радостях я несу воспитательную чушь, а он огрызается[5], и по его щенячьему тявканью

1 *пустить в ход связи (разг.)* Beziehungen spielen lassen
2 *спятить (разг.)* den Verstand verlieren
3 *узурпировать* usurpieren, sich widerrechtlich aneignen
4 *трудяга (разг.)* arbeitsamer Mensch
5 *огрызаться* bissig antworten

я чувствую, что он тоже счастлив. Мы же три года не виделись! …Я заворачиваю в наш двор, подкатываю к подъезду и глушу[1] мотор.

– Наконец-то! – говорит мальчик, возбуждённо оглядывая знакомый двор, грибок с песочницей, турник, скамейки у подъездов. – Доволокла таратайка[2]…

Мы вытаскиваем из багажника чемодан, запираем дверцы машины и поднимаемся по лестнице. Он идёт чуть впереди, что-то мне рассказывая, при этом взмахивая пятернёй[3], совсем как я.

На наши голоса выглядывает соседка по лестничной клетке[4], милейшая бабуся Нина Семёновна.

– Филиппок приехал! – восклицает она, лучась[5] сухим старческим личиком. – Дождались… Вымахал[6], Филипп Георгиевич, вымахал… А тебе тут телеграмма. Только что почтальон был, я расписалась.

Мальчик с недоумением берёт протянутый бланк, распечатывает, и я вижу, как цепенеет его затылок и бледнеет щека. Он пытается что-то сказать, но только мычит, как глухонемой, тыча[7] мне телеграмму. Я выхватываю из сведённых[8] пальцев серый бланк[9] и, прежде чем понимаю смысл напечатанного, несколько секунд тупо смотрю на гладкую и короткую, как вой падающего снаряда, фразу:

«Возвращайся немедленно папа умер».

---

1 *глушить* drosseln
2 *таратайка (разг.)* Karre, klapprige Kiste
3 *пятерня (разг.)* Hand
4 *лестничная клетка* Treppenhaus, Hausflur
5 *лучась (лучиться)* strahlend
6 *вымахать (разг.)* groß werden, hoch wachsen
7 *тыча (тыкать)* hinstecken, vorzeigen
8 *сведённый* hier: verkrampft
9 *бланк* hier: (Telegramm-)bogen

Страноведческий коментарий к рассказу «Терновник»

стр. 3 *кооператив* здесь: жилищный кооператив – добровольное объединение людей, которые вносят деньги в фонд, чтобы вместе купить жильё

стр. 6 *Том Сойер* 12-летний мальчик, сирота, главный герой романа американского писателя Марка Твена «Приключения Тома Сойера», опубликованного в 1876 году

стр. 7 *терновник* (*dt.* Schlehdorn) колючий кустарник с круглыми синими плодами, похожими на сливу; распространён в Средней Азии, например в Узбекистане, где выросла автор рассказа

стр. 7 *советский партизан* Во время Второй мировой войны Германия напала на СССР и оккупировала советские территории. Советская и немецкая армии сражались на фронте, а советские партизаны боролись против немцев на оккупированных территориях. Партизаны не были частью армии. Это были люди, которые добровольно объединялись в группы, чтобы бороться за свободу своей родины. Например, они нарушали инфраструктуру (мосты, железнодорожные пути и т.д.) и коммуникационную связь немецкой армии. В СССР истории о мужественных героях-партизанах были известны каждому школьнику.

стр. 8 *гривенник* 10 копеек (монета)

стр. 9 *Иосиф Виссарионович Сталин* (1878–1953) – государственный деятель, правил Советским Союзом после смерти Владимира Ильича Ленина (†1924). Сталин установил в стране диктаторский тоталитарный режим. До сих пор мнения о Сталине в странах бывшего Советского Союза поляризованы.

стр. 11 *Спекулянт(ка)* – человек, покупающий вещи не для собственного потребления, а для того, чтобы продать их за более высокую цену. В СССР спекуляция была запрещена, за неё наказывали (штрафовали, лишали свободы).

стр. 17 *махалла* В Средней Азии так называются кварталы в городах и общины с самоуправлением, которые традиционно существуют во многих исламских республиках и странах бывшего СССР, например Узбекистане, Таджикистане.

стр. 19 *форма* В Советском Союзе все школьники были обязаны носить одинаковую школьную форму. В 1980-е годы это были коричневые платья с фартуками для девочек и синие костюмы для мальчиков.

стр. 22 *Владимир Яковлевич Шаинский* российский композитор, написавший много известных детских песен

стр. 22 *Крокодил Гена* – один из главных героев детской книги Эдуарда Успенского «Крокодил Гена и его друзья». Песни, которые крокодил Гена поёт в фильме, снятого по этой книге, являются одними из самых известных русских детских песен.

стр. 23 *золотая рыбка* сказочный персонаж, говорит на человеческом языке и исполняет желания

стр. 25 *Великая Отечественная война* Во время Второй мировой войны (1939–1945) Германия напала на Советский Союз в июне 1941 года. Так в Советском Союзе началась Великая Отечественная война.

стр. 25 *граница* между Германией и Советским Союзом, которая образовалась после раздела Польши между этими странами в 1939 году

стр. 25 *Белосток* город, который в 1941 году находился на территории СССР и был захвачен немцами

стр. 25 *«Мессер»* (нем. Messerschmitt Bf.109) немецкий самолёт-истребитель 1930-х и 1940-х гг.

стр. 28 *«Отворите окно, отворите, ...»* – один из вариантов первого куплета песни «Умирающий», которую в 1882 году написал Василий Иванович Немирович-Данченко (1844–1936). В этой песне лирический герой стремится из тюрьмы на волю «хоть на час». В 20-ом веке появились различные варианты текста, которые особенно распространились в тюремных лагерях, песня превратилась в народную.

стр. 29 *Бенджамин Маклейн Спок* (Benjamin McLane Spock, 1903–1998) американский детский врач, автор книги «Ребёнок и уход за ним», одного из самых популярных бестселлеров в истории США

стр. 34 *«Союзпечать»* советская государственная организация, которая управляла распространением прессы в стране

стр. 35 *ГУМ* – Государственный (*сегодня:* Главный) универсальный магазин. Первый ГУМ был открыт в Москве в 1921 году, вскоре ГУМы появились в разных городах страны, в том числе в центре Ташкента (Узбекистан).

Страноведческий коментарий к рассказу «Двойная фамилия»

стр. 40 *Голенищев-Кутузов* – фамилия известного дворянского рода Российской империи. Михаил Илларионович Голенищев-Кутузов (1745–1813) – главнокомандующий русской армией, разгромивший войска Наполеона в 1812 году.

стр. 40 *Василий Иванович Лебедев-Кумач* (1898–1949) русский советский поэт, автор слов некоторых очень популярных советских песен, например «Широка́ страна моя родная»

стр. 40 *Виктор Эльпидифорович Борисов-Мусатов* (1870–1905) русский художник эпохи модерна

стр. 40 *Николай Андреевич Римский-Корсаков* (1844–1908) русский композитор, автор известных опер, симфоний и других музыкальных произведений

стр. 40 *Русский географ Пётр Петрович Семёнов* (1827–1914) в 1906 году был награждён императором Николаем II приставкой «Тян-Шанский», фамилия Семёнов-Тян-Шанский перешла к его потомкам.

стр. 40 *Мусин-Пушкин* – фамилия дворянского рода. Самый известный представитель филолог и археолог, граф Алексей Иванович Мусин-Пушкин (1744–1817), первый исследователь книги «Слово о полку Игореве».

стр. 41 *Эрих Мария Ремарк* (нем. Erich Maria Remarque) немецкий писатель XX-го века (1898–1970), автор широко известного в Советском Союзе романа «На западном фронте без перемен» („Im Westen nichts Neues“)

стр. 41 *Федерико Гарсия Лорка* (Federico García Lorca, 1898–1936) испанский поэт и драматург, один из самых известных испанских авторов XX-го века

стр. 41 *Габриэль Гарсиа Маркес* (Gabriel García Márquez, *1927) знаменитый колумбийский писатель и политик; получил Нобелевскую премию по литературе в 1982 году

стр. 44 *октябрятская звёздочка* красная звёздочка с портретом Ленина в середине; значок, который носили на груди школьники с первого по третий класс, после того, как их принимали в группу октябрят

стр. 44 *комсомольская ячейка института* В Советском Союзе существовала политическая молодёжная организация «Комсомо́л» (Коммунистический союз молодежи), члены которой назывались комсомольцами и относились к различным группам (ячейкам).

стр. 48 *филькина грамота* фразеологизм; так по-русски называют документ, не имеющий никакой силы и никакого значения

стр. 52 *катиться ко всем лешим* выражение, похожее на немецкое „zum Teufel fahren"; леший – сказочный персонаж, который часто встречается в русских сказках; он живёт в лесу и является его хозяином

стр. 53 *Ташкент* старинный город в центральной Азии, столица Узбекистана, куда во время Второй мировой войны эвакуировали жителей из оккупированных частей Советского Союза

стр. 66 *зелёнка* жидкость ярко-зелёного цвета, которая очень часто используется в России и странах бывшего Советского Союза для дезинфекции кожи; разработана впервые 1879 в Германии (*dt.* Brilliantgrün)

стр. 67 *участковая врачиха* (разг., *eigentlich:* участковый врач) Население Советского Союза (и России) лечится в поликлиниках. Район каждой поликлиники разбит на участки, которые обслуживает участковый врач: посещает больных дома и принимает в поликлинике. Любой больной (взрослый и ребёнок) имеет право вызвать участкого врача на дом.

стр. 73 *программа «Время»* информационная программа, которая каждый вечер в 21:00 информирует о новостях дня

стр. 76 *валидольчик* (от слова *Валидол*) лекарство, которое принимают без рецепта, например, чтобы успокоить нервы

стр. 76 *Запорожец* советская марка автомобилей особо малого класса, которые производились в городе Запорожье

стр. 76 *Жигули* – советская (позже российская) марка автомобилей, которые начали производиться на Во́лжском автозаводе с 1970 года. Автомобили «Жигули» являлись до середины 2000-х годов самыми распространёнными автомобилями в России. Сейчас они продаются под названием «LADA», которое раньше использовалось для продажи за границей.

стр. 76 *Волга* – название легковых автомобилей, которые с 1956 года выпускает Горьковский автомобильный завод. «Волга» в Советском Союзе считалась очень престижным автомибилем и знаком высокого положения владельца.

стр. 78 *капли Вотчала* лекарство, которое принимают без рецепта, например для успокоения

стр. 78 *Фёдор Иванович Шаляпин* (1873–1938) знаменитый русский оперный певец с большим актёрским талантом

стр. 79 *птичий рынок* зоорынок или зоомагазин, где продаются, например, разные виды аквариумных рыб (гурами, кардинал, гуппи)

стр. 81 *Дед Мазай* персонаж поэмы Николая Некрасова «Дедушка Мазай и зайцы» (1870 г.), деревенский охотник, любимый детьми за доброту

стр. 82 *водяной* персонаж славянской мифологии, обитающий в воде и являющийся её хозяином

стр. 82 *домовой* персонаж славянской мифологии, домашний дух

стр. 83 *станция* железнодорожная станция, возле которой находятся продуктовые магазины и рынки

стр. 83 *Баба-яга (Баба-Яга)* магический персонаж славянской мифологии, фольклорная старуха во многих славянских сказках, колдунья

стр. 89 *тянучка* мягкая сливочная конфета, клейкая и тянучая

стр. 91 *коммунальная квартира («коммуналка»)* Это название появилось после революции 1917 года, когда большевики отнимали комнаты у хозяев больших квартир и селили в них чужих людей. В Советском Союзе «коммуналками» были государственные квартиры, куда поселяли разные семьи. Каждая семья (или одинокий человек) получала одну комнату, а кухня, ванная и коридор были общими.

стр. 95 *Карелия* – республика на северо-западе Российской Федерации. Бо́льшая часть территории Карелии – лес. Туристы наслаждаются её экологически чистой природой, путешествуют на байдарках по рекам и озёрам Карелии.

стр. 95 *Коктебель* модный курорт в Украине, в Крыму

Приглашение к чтению – Einladung zum Lesen

Russische Lektüre herausgegeben von *Ljubov Jakovleva-Schneider*

Семейные истории Дина Ильинична Рубина
Zusammengestellt und kommentiert von *Maria Heller*

Redaktion *Kristina Müller*
Illustrationen *Dorina Tessmann*
Umschlaggestaltung *Ungermeyer grafische Angelegenheiten*
Layoutkonzept und technische Umsetzung *Marina Goldberg*

Zum Lektüreheft gehören außerdem
Handreichungen für den Unterricht mit CD-ROM
ISBN 978-3-06-024090-6

www.cornelsen.de

1. Auflage, 3. Druck 2019

Alle Drucke dieser Auflage sind inhaltlich unverändert
und können im Unterricht nebeneinander verwendet werden.

Druck: H. Heenemann, Berlin

ISBN 978-3-06-024089-0

PEFC
PEFC/04-31-1156

PEFC zertifiziert
Dieses Produkt stammt aus nachhaltig bewirtschafteten Wäldern und kontrollierten Quellen.

www.pefc.de